板倉宏昭
石丸亜矢子［著］

地域
バリューチェーン

Value Chain

持続可能な地域を創る

勁草書房

はしがき

地域ビジネスの成功要因は何か．地域価値連鎖（地域バリューチェーン）を用いて，全国23ケースを解説する．

各ケースがどのように地域バリューチェーンを構築しているかを整理して，今後の地方創成の調査研究や企業等の地域ビジネス戦略や行政の政策立案に役立つことを目的としている．

本書は，理論編とケース編で構成されており，理論編では，地域バリューチェーンの解説と地域ビジネスにおいてふまえるべき事項を紹介している．ケース編では，地域ごとに，地域ビジネスの事例の概要を地域バリューチェーンの枠組みを通じて紹介している．

研究的には，伝統的な経営学において，あまり取り上げられてこなかった地域という主体を全面的に取り入れた内容となっている．各ケースの地域バリューチェーンをできるだけ客観的に解説し，冗長にならないように配慮したつもりである．なお，掲載した23のケースは，意欲的に取り組まれているものであるが，必ずしも成功事例ではない．克服すべき課題は，それぞれ異なる．

地域ビジネスの調査研究には，多くの時間と多くのご協力が必要である．ご協力いただいた関係者の皆様に対し，感謝申し上げたい．

本書作成について，勁草書房編集部の宮本詳三氏に多くのご尽力をいただいた．心より感謝したい．

2021年5月

板倉　宏昭

目　　次

第１部　理論編

1．地域力とは何か

シャッターが閉ざされた商店街，首都圏への人口集中，客足もまばらな観光地など，地方の停滞する風景が語られることが多くなった．日本の地域間所得格差はジニ係数で 0.321 と OECD 諸国平均の 0.311（米国 0.381，英国 0.335，フランス 0.281，スウェーデン 0.234）より高い水準にある（OECD 2008）．
社会意識としても，地域格差に対する懸念が広がっている．野村證券の調査によると，2008 年に地域間格差が「よい方向に向かっている」という回答が 3% 未満であるのに対して，「悪い方向に向かっている」が 33% である．また，地方分権の流れのなかで，道州制の議論が本格化している．今後ますます地域間競争が厳しくなることが予想される．しかし，地方圏でも成長している地域や企業はある．「地域力」を高めるため，地域の発想や工夫による取り組みが必要である．

ここで「地域力」について整理したい．地域力の定義には，さまざまなものがあるが，2 つに大別できる．

1 つは，地域としての経済力に重点を置く考え方である．たとえば，地域力再生機構は，停滞している地方の経済を活性化させることを目的として，経営の行き詰まった地方企業を建て直すための組織である．経営に行き詰まった中小企業などの再建に国が関与することで，金融機関に対して債権放棄などを求めやすくするほか，全国レベルで支援企業やすぐれた人材を募るために設立された．

もう 1 つの地域力の捉え方は，地域の人々の絆（きずな）に重点を置く考え方である．たとえば，地域コミットメントが地域の活性化の基礎的な条件になるという研究が進められている．あるいは，ソーシャル・キャピタルの考え方があてはまる．そこでは，地域の共通する課題を自主的に解決し，価値を創造することが必要だと考える．

ソーシャル・キャピタルとは，パットナムによると「人々の協調行動を促すことにより社会の効率を高める働きをする信頼，規範，ネットワークといった社会組織の特徴」である（Putnam 1993）．つまり，地域の共通する課題を自主的に解決し，価値を創造することが必要になっているという考え方である（山内 2005; 要藤 2005).

こうした地域力の捉え方は，地方自治体の地域振興政策等にも広がりをみせている．たとえば，大分県の平松守彦知事（在任 1979〜2003 年）は，地域の潜在力という意味で地域力を捉えている．神戸市では，「市民と市が互いの役割を尊重し，協力して課題解決を図る力」，岐阜市では，地域力を「地域の魅力，安心・安全な環境，市民の公共マナーやまちづくりへの意識をかもし出し，築き上げることで培われる力」と定義している．また，北海道庁は，「地域における信頼関係や互酬性の規範を持つ多様な住民や組織のネットワークが，地域の公共的，社会的課題に気づき，各主体が自律的に，もしくは協働しながら，地域課題を解決したり，地域の価値を創出する力」と定義している．

地域にはそれぞれの歴史があり，経験豊富な人々や地域資源が存在する．そうした資源を活かしつつ，IT を活用した経営，異分野の連携による新たな事業が必要である．このため，競争的な環境のなかで，これまでの地域独占に依存するシステムを超えたネットワークを構築する必要がある．

都市部と地方のデジタル・デバイドについて述べると，IT 技術，IT インフラについて，都市と地方の格差はないわけではない．ブロードバンド通信の普及も都市部から始まった．しかし，数年で地方にも普及し，一部の山間地・離島を除けば，現在では，都市部同様 ADSL や光ファイバー回線が利用可能となっている．携帯電話も，地方の方が遅れはしたが，現在では，大部分の地域で都市部と大差のないサービスが受けられる．また，コンピュータ自体は通信販売もあり，どこからでも購入できる．このように，IT 技術の利用，とくに IT インフラの整備について，都市と地方間の格差は，多くの社会的要因で生ずる格差に比べ小さい．地域コミットメントが基盤にあり，地域資源を活かした技術やアイディアと外部の力を取り込む地域におけるリーダーシップによって逆転のチャンスは増大する．

アーキテクチャのオープン化・モジュール化を背景に，携帯電話で典型的な垂直統合よりスマートフォン生産の水平分業が進展している．世界的にみても，多くのビジネスプロセスは，マルチショア（multishore），すなわち，もっとも優位性がある地域でビジネスが成立しやすい．たとえば，アイルランドは，情報ネットワーク化を通じたマルチショア開発により，ヨーロッパでもっとも貧しいといわれた国から，世界第3位（83,850ドル）世界第23位（40,146ドル）の日本の2倍を上回る一人あたりGDPを稼いでいる（IMF 2021）．金融特区の設置，製造業や金融業の優遇税制，IT産業等ハイテク分野の振興等により，その経済成長ぶりは「ケルティック・タイガー」と呼ばれている．なお，アイルランドの人口は四国とほぼ同じ400万人であり，面積は四国の4倍（北海道と同程度）の7万平方キロメートルである．小さな地域や小国が豊かになれないというわけではない．

2．ゾーニング

地域としての潜在力，地域力についてさまざまな議論がなされている．東京圏への人口流入，地域間格差拡大に対する問題意識が背景にあると考えられる．

地方分権の議論からも，地域を起点とした仕組みが求められている．その際，強く問われるのが，この仕組みを有効に機能させる地域としての意識のあり方である．コーポレート・ガバナンスの議論でも，地域との関係を無視しては，企業は持続的に発展することができないとされている．

また，四国地域など地方圏に有効な企業マネジメントは，大都市とは異なるという問題意識がある．地方圏において，地域への思いや地域との共存を語る企業経営者は多い．

こうした企業の資源と地域の資源が結びついて，地域の活性化につながると考えられる．本書では，企業従業員の地域との関係を地域コミットメントと呼ぶこととして，その構造をとらえる．

なお，地域というのはさまざまな範囲を示すことがある．ゾーニングという地域の設定を行うことが企業の戦略などの実務上も，研究の混乱を少なくするうえで役立つ．これからスタートする地域ビジネスのゾーニングとしてコミュニティ単位，具体的には小学校区単位（全国で平均して人口5,000人程度）が取り組みやすいだろう．公民館，地域コミュニティセンターといった単位である．

3．地域コミットメントの概念

さきに述べた地域力について，ソーシャル・キャピタルに関する研究の議論はみられるものの，企業従業員の地域に対する意識について，定量的に正面から論じた実証的研究は，見当たらない．国民生活白書のなかで「地域のつながり」や「職場のつながり」が特集されるなど，地域社会のつながりの再構築に対する関心が高まっているとはいえ，定量的な調査に基づく研究は依然として非常に少ない．そこで，組織コミットメント（organizational commitment）に関する研究（板倉 2002）を援用して地域コミットメント（“regional” commitment）の概念を構築した．すなわち，地域コミットメントを「個人と地域の関係」と定義し，個人がある地域に対して，どのような観点からどの程度かかわっているかという捉え方をする．

地域コミットメントについては，マイヤーとアレンを参考にして作成した地域コミットメントの3要素に加えて，内在化（internalization）あるいは同一視（identification）といった要素を考慮に入れて作成して調査した（Meyer & Allen 1997; O’Reilly & Chatman 1986）．

4．地域コミットメントの構造

実証研究を行った結果，「地域の内在化」，「功利的関与」，「地域への使命感」，「地域愛」の4つの要素が導出された．

第1の要素は，地域の問題を自分自身の問題としてとらえ，個人が地域を内在化（internalization），あるいは同一視（identification）という意識が示されている．個人が地域を同一視する意識を表していることから，「地域の内在化」すなわち，Regional Internalization Commitment（RIC: 地域内在化コミットメント）と名づけている．具体的には表1のRIC1～RIC6の6項目について5件法で平均点を計算する．

図1　地域コミットメントの概念図

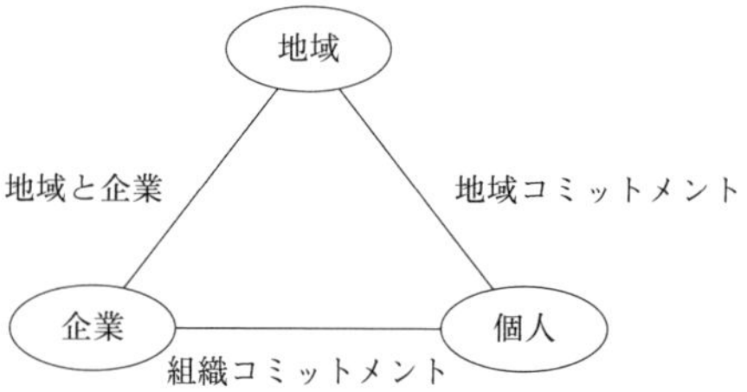

表 1　地域コミットメントの測定

項番	質問項目	要素
RIC1	地域の一員であると感じる	地域の内在化
RIC2	地域の発展のために，進んで努力する	地域の内在化
RIC3	地域の将来のことが，とても気になる	地域の内在化
RIC4	地域の問題を自分自身の問題のように感じる	地域の内在化
RIC5	地域に所属していることを意識している	地域の内在化
RIC6	地域にとって重要なことは，自分にとっても重要である	地域の内在化
RAC1	この地域を気に入っている	地域愛
RAC2	この地域に愛着を感じる	地域愛
RAC3	地域以外の人に，地域のことを話すのが楽しい	地域愛
RAC4	この地域に誇りをもっている.	地域愛
RAC5	地域にいることができて，本当によかったと思っている	地域愛
RAC6	地域の素晴らしいことをいえる	地域愛
RCC1	この地域を離れることは，たとえ離れたくても，大変困難である	功利的関与
RCC2	この地域を離れることを決心したら，私の人生で多くのものが失われるだろう	功利的関与
RCC3	現在この地域にいるのは，そうしたいからであると同時に必要だからである	功利的関与
RCC4	この地域を離れるということは，ほとんど考えられない	功利的関与
RCC5	この地域で仕事を続ける主な理由の 1 つは，地域を離れると個人的に少なからぬ損失をともない，ほかの地域ではこの地域で得ている全般的な恩恵を得られないかもしれないからである	功利的関与
RCC6	この地域を離れると，現在の生活水準が維持できないだろう	功利的関与
RNC1	この地域は，つくす価値がある	地域への使命感
RNC2	地域の人々に恩義を感じているので，今すぐにはこの地域を去らない	地域への使命感
RNC3	私はこの地域に大変恩義がある	地域への使命感
RNC4	地域につくすのは当然のことと思っている	地域への使命感
RNC5	いまこの地域を離れると，罪悪感を覚えるだろう	地域への使命感
RNC6	この地域のために仕事をするのは，当然のことと思っている	地域への使命感

上記の 24 問に回答することによって地域コミットメントを測ることができる．リッカート尺度による 5 件法による質問を用いる．「あてはまる」＝5,「おおむねあてはまる」＝4,「どちらともいえない」＝3,「あまりあてはまらない」＝2,「あてはまらない」＝1 とする．

図2 地域バリューチェーン

第2の要素は，地域への愛着といった感情を表す「地域愛」（affection）と捉えられる．とにかく，この地域を誇りとして気に入っているという関係である．地域愛コミットメント（Regional Affective Commitment: RAC）と呼ぶことにする。表1のRAC1〜RAC6の6項目について5件法で平均点を計算する．

第3の要素は，経済的理由や地域における何らかの利己的な判断からその地域に継続的に留まりたいという意識を表すものと考えられることから，「地域への功利的関与」といえる．このコミットメントを地域功利コミットメント（Regional Continuance Commitment: RCC）と呼ぶ．表1のRCC1〜RCC6の6項目について5件法で平均点を計算する．

第4の要素は，地域に対しての使命や恩義を示す「地域への使命感」である．その地域にとにかく恩義があるという関係を示している．このコミットメントを地域規範コミットメント（Regional Normative Commitment: RNC）と呼ぶ．表1のRNC1〜RNC6の6項目について5件法で平均点を計算する．

5. 地域価値連鎖（地域バリューチェーン）の概念

内部力や外部力に関係する研究として，リッカートのリンキングピンやトーマス・アレンのゲートキーパーの研究（Likert 1961; Allen 1971）などがあげられるが，わが国の地方企業の研究についての研究の蓄積は少ない．

地域の内部力には，人析力，技術力，流通条件等が考えられるが，「企業従業員の地域との関係」を地域コミットメントとして定義して分析する．外部力とは，地域外からの資金調達力，地域外の専門家，文化人，企業などによる課題発見力，需要動向の把握力，企画・デザインカ，販路開拓力があげられる．

図2のように，地域コミットメントが基盤となり，地域のリーダーシップが内部力とともに基本となる．

そのうえで，素材，加工，製造，販売，サービスといったプロセスごとに，外部力のステークホルダーや役割が異なるモデルを想定する．このモデルを地域価値連鎖，あるいは，地域バリューチェーンとよんでいる．

図2の右側の成果（パフォーマンス）の指標は，一人あたり県民所得や人口といった経済的指標ではなく，その地域を訪問したいかという「訪問魅力度」，地域の製品・サービスを購入したいかという「購入魅力度」，その地域に居住したいかという「居住魅力度」等で得られる．

6．地域価値連鎖（地域バリューチェーン）の4要素

地域価値連鎖は，4つの要素から成る．

第1に，「地域コミットメント」である．これは筆者がネーミングしたものであるが，人々と地域の関係性を示すものであり，地域愛，地域を自分のこととして内在化させること，功利的に関与すること，地域への使命感の4つの要素からなっている．

地域コミットメントの延長線として「ゾーニング」という概念をあげたい．特定のビジネス上でまとまった空間を設定するということであるが，必ずしも行政区画と一致する必要はない．むしろ広めすぎない方がいい．たとえば1つの県単位で何かを売り込もうとすると，「この商品とあの商品の売り込みを平等に扱わなければならない」といったジレンマも起きる．国単位，県単位ではなく，もっと小さい単位だからこそ，より効果が生まれることもある．地方ビジネスにおいては，地域コミットメントを通じた顔のみえる関係が重要な働きを示す．

第2に，地域リーダーである．地域ビジネスの担い手は，1つの企業の販売

表2　地域価値連鎖（地域バリューチェーン）の5要素

1. 地域コミットメント：人々と地域の関係性
   地域愛，内在化，功利的に関与，地域への使命感の4要素
2. 地域リーダー
   「発想」「作り手」「原点回帰」といった重層的担い手が必要
   外部（ヨソモノ）と地域をつなぐコーディネーターが必要
3. 外部力（ヨソモノ）と内部力（ジモティ）の新結合
   地域外の専門家，文化人，企業などによる課題発見力，
   需要動向の把握力，企画・デザイン力，販路開拓力
4. 地域固有の物語（Site Specific Storytelling：SSS）（サイト・スペシフィック・ストーリーテリング）の戦略化
   地域ならではの物語を伝えることを戦略化する
5. 「超」産業化
   分業より合業，地域資源を加工製造して，自ら販売・サービスを行い付加価値をつける

促進と異なり，多様な可能性がある．企業のほか，行政，NPO，ボランティア消費者組織，研究機関かもしれない．地域の担い手に必要なリーダーシップの要素とは，先導型リーダーシップの要素だけではなく，「発想」「作り手」「原点回帰」といった重層的なリーダーシップの要素が必要である．先導的リーダーだけでなく，地域をつなぐコーディネーターが必要で，外部の視点をもった外部力や，地方自治体の職員やNPOやボランティア組織などが少なくない．担い手も外部力（ヨソモノ）とのネットワークが大きな役割を演じていることが少なくない．

第3に，外部力（ヨソモノ）である．地域外の専門家，文化人，企業などによる課題発見力，需要動向の把握力，企画・デザイン力，販路開拓力があげられる．地域内だけでは人材も資金も不足していることが多い．いかに外部力（ヨソモノ）を取り込むかが課題である．

第4に，地域固有の物語（Site Specific Storytelling: サイト・スペシフィック・ストーリーテリング）である．サイト・スペシフィック・ストーリーテリングとは，地域に存在する資源を認識し，それらの物語を戦略的に伝え地域ビジネスのために活かしていくことである．たとえば，さぬきうどんの店は，「自分で畑でねぎをとり，切っていれて，自分でゆがいて食べる」という物語に，消費者が共感したのである．

以上のように，地域コミットメントが基盤となり，地域プロデューサーが内部力（ジモティ）と外部力（ヨソモノ）の新結合を図り，素材を生かして，加工・製造や付加価値の高い販売サービスと組み合わせて物語（ストーリーテリング）を通じて「超」産業化する戦略が，地域バリューチェーンである．

7．地域価値連鎖（地域バリューチェーン）の成果（パフォーマンス）

成果（パフォーマンス）の考え方は，経済的指標だけで十分であろうか．たとえば一人あたりの県民所得や人口といった経済的指標だけではなく，どの程度その地域を訪問したいかという「訪問魅力度」，どの程度地域の製品・サービスを購入したいかという「購入魅力度」，その地域にどの程度居住したいかという「居住魅力度」等で測ることが有効であろう．

地域コミットメントが基盤となって「超」産業戦略の下で働く人々は，所得など経済的な理由だけでその土地に生活しているのではない．彼ら彼女らはその土地でやりたいことがあり，そこでしかできないことにやりがいや充実感，達成感を見出し，地域との絆に重点を置いている．図の右側に示したように，「超」産業戦略の成果（パフォーマンス）は，内部の人の経済・居住の魅力度だけでなく，外部の人から見た訪問・購入の魅力度も向上させ，商品とともに地域のブランド化につながっている．

地元出身者が再び内部に戻ってくるＵターンおよび他地域から移住してくるＩターンのように地域の外部で生活する人々にとっても，地域バリューチェーンを通じた「超」産業戦略による居住の魅力度が高まる成果（パフォーマンス）がみられる．

8．「超」産業化

「超」産業戦略とは，素材を生かした加工・製造によって付加価値を高め，サービスを提供する単一の産業を超えたビジネスモデルである．第１次産業の生産は10兆円であるが関連産業を含めると100兆円とGDPの５分の１となる．産業分類あるいは発想の分断を超えることが必要である．「分業」から「合業」し，地域の資源を「自ら高く売る」，すなわち，「超」産業化が有効となる．農業で言えば，素材である農産物の栽培だけでなく，農産物を加工・製造し，食品・化粧品・医薬品として付加価値を高め，さらにレストラン，農業体験，観光などのサービス業を行うことである．農林水産省の６次産業化，経済産業省の農商工連携といった概念に近いが,「超」産業は第２次産業から第１次産業や第３次産業などへの融合も含まれる．

浅いＵ字曲線であるスマイルカーブで示されるように，コモディティ化している製品・サービスの場合，加工・製造段階で付加価値を得ることは難しくなってきている．アーキテクチャーが共通化され，オープン化・モジュール化すると，加工・製造プロセスは，安い労働コストの国や地域で行うようになる．したがって，労働コストが高い日本で十分な利益を得て，競争優位性を獲得することは難しい．素材といった上流のプロセス，あるいは，下流のサービスのプロセスでの企業戦略が求められている．

第２次産業から第１次産業への「超」産業化として，植物工場があげられる．鉄鋼大手のJFEがJFEライフとして参入したほか，三菱化学，カゴメ，キユーピーなどが展開している．これらは工場内の遊休地を活用したことがもとになっている．

9．地域と競争優位性

産業によってはその会社が立地する地域というのは非常に重要で，そこに立地すること自体が競争優位につながることがある．これは，情報量の多さ，サプライヤーの集中などからおこることで，その地域に存在することで競争優位を確立することができる場合がある．

多くのハイテク企業がボストンのルート128やシリコンバレーに進出する理由の１つは，その地域に立地すること自体にメリットがあるからである．専門的な人材ネットワークやサプライヤー，大学など研究機関が存在する．たとえば，MIT（マサチューセッツ工科大学）の研究者の技術シーズを事業評価してライセンス・オフィスに報告するイノベーションチームやベンチャーキャピタルに学生のアイディア・技術を提案するニューエンタープライズ，アイディア・技術のアーリーステージでの専門家が集まるMITのアントレプレナークラブやMITの技術の事業化，レイトステージのビジネスプランコンテストであるMITエンタープライズフォーラムなどによるネットワークがある．そうしたネットワークから DEC（デジタル・エクイップメント）社やデータ・ゼネラル社などのミニコンピューターメーカー，レイシオンなどの軍需産業，アカマイなどのネット企業が創立した．また，ヤフー，グーグル，シスコシステムズ，サン・マイクロシステムズは，スタンフォード大学から生まれている．

10．地域的な独占

街の不動産仲介業やクリーニング店，スーパーマーケット，駅構内の売店，地域の医院，学内食堂，学内文房具店，ゴルフ場レストラン，車内販売，映画館売店，島しょ部・山村の日用品店（よろず屋）のように，地理的に棲み分けが成立している差別化市場を図っている独占的競争市場がある．

駅構内の売店で，定価であってもお土産やお菓子を買うことがある．賃貸住宅を探そうとするときに，その地域の不動産仲介業の店舗を利用する．また，自宅から近い場所にあるクリーニング店やコンビニエンスストアを利用することも多い．こうした事業は，地域内では独占的な売り手の場合がある．

ただし，こうした地域的な独占はそれほど強固なものではないこともある．たとえば，ほかの店が値下げをしたり，よいサービスが受けられたりすると，移動のコストと時間をかけても遠方の店を利用する人も出てくる．インターネットで距離に関係なく不動産情報が得られるようになれば，遠方の不動産仲介業者を利用することもあるだろう．

世界第 2 位，欧州最大の小売業のカルフールがフランスで確立したビジネスモデルは，スーパーマーケットと百貨店を結合したハイパーマーケットの概念を導入したものである．カルフールのハイパーマーケットの標準売り場面積は 1 万 m^2 規模，1,000 台以上を収容できる駐車場を完備，商品点数も 5 万点を超えるなど大型である．

カルフールは，不動産ビジネスとも捉えられる．カルフールは，ほかの大型店が進出していない都市中心部と郊外の境界線にスーパーマーケットを出店する．都市中心部と郊外の境界線に出店することによって，郊外から都市中心部への流入を活かし，一方で中心部からも顧客を獲得するというものである．まず，周囲の土地を買い取っておく．つぎに，一定数の来客を確保したら，まわりにさらに大きなショッピングセンターをつくり，テナントを募集する．テナントが増えることで来客数が増し，テナント料をさらに高く設定できる．さらに，まわりにショッピングセンターをつくる．こうした繰り返しで，郊外に巨大なショッピングセンターをつくり，遠方からの顧客が買い物に来るようになる．ただし，日本でのカルフールは，このビジネスモデルを採用せずに，撤退を余儀なくされた．

［参考文献］

Allen, T. J., “Communications, Technology Trasfer, and the Role of Technical Gatekeeper”, *R & D Management*, Vol. 1, pp. 14–21, 1971.

IMF: International Monetary Fund, World Economic Outlook Databases, April 6, 2021（URL＝imf.org/en/publications/SPROLLS/world-economic-outlook-databases, 閲覧日 2021 年 5 月 5 日）

Lickert, R., *New Patterns of Management*, McGraw-Hill, 1961.

Meyer, J. P., & Allen, N. J., *Commitment in the Workplace*, Sage Publication, 1997.

OECD, *Growing Unequal? Income Distribution and Poverty in OECD Countries*, OECD, 2008.

O’Reilly, C., & Chatman, J., “Organizational Commitment and Psychological Attachment: The Effets of Compliance, Identification on Prosocial Behavior”, *Journal of Applied Psychology*, Vol. 71, pp. 492–499, 1986.

Putman, R. D., *Making Democracy Work*, Princeton University Press, 1993.

山内直人「ソーシャルキャピタルと NPO・市民活動」『NIRA 政策研究』2005 年 6 月，pp. 15–21，2005 年.

要藤正任「ソーシャルキャピタルは地域の経済成長を高めるか？」『国土政策研究』第 61 号，2005 年.

第２部　ケース編

1. 東川町（北海道上川郡）「写真の町」

テーマ：「写真の町」～写真映りの良い町を目指し，応援人口を活用した観光まちづくり～

基礎データ：人口 8,382 人，世帯数 3,950（2018 年 12 月末日現在），高齢化率 32.10%（65 歳以上・2015 年）

1985 年の「写真の町」宣言以来，モノではなく「文化」を町の中心的価値とする発信を行い，若年層や外国人などさまざまな層からの注目を集めている．町に住んでいないが町を応援してくれる「応援人口」をてこに，移住者による社会増を維持し続けている．

事例の概要：

東川町（ひがしかわちょう）におけるさまざまな取り組みは「東川スタイル」と呼ばれ，地域活性化先進事例として注目され，人口 1 万人を切る規模ながら全国にその名が知られている．当初より特定の個人や組織による強力なリーダーシップの下で成し遂げられた改革ではない点が特徴的であるといわれている．

東川町は世界にも類をみない「写真の町」というキャッチフレーズで 30 年来，地域活性化を進めてきた．1959（昭和 34）年に村から町となり，2019（令和元）年には町制施行 60 周年を迎えた．「写真の町」宣言は 1985 年に宣言されたもので，当時はまちづくりといえば，「一村一品運動」といわれる特産品を活用した取り組みが主流であった．そのようななかで，優れた自然景観を写真に記録することをまちづくりにつなげようとする東川町の取り組みは，「文化」に着目し活用するという異例の取り組みであった．「自然」，「文化」，「人と人の出会い」を大切に，「写真写りの良い町づくり」を進めてきており，現在も継続している．

「写真の町宣言」 1985年6月1日　北海道上川郡東川町

「自然」と「人」，「人」と「文化」，「人」と「人」それぞれの出会いの中に感動が生まれます．
そのとき，それぞれの迫間に風のようにカメラがあるなら，人は，その出会いを永遠に手中にし，幾多の人々に感動を与え，分かちあうことができるのです．
そして，「出会い」と「写真」が結実するとき，人間を謳い，自然を讃える感動の物語がはじまり，誰もが，言葉を超越した詩人やコミュニケーションの名手に生まれかわるのです．
東川町に住むわたくしたちは，その素晴らしい感動をかたちづくるために四季折々に別世界を創造し植物や動物たちが息づく，雄大な自然環境と，風光明媚な景観を未来永劫に保ち，先人たちから受け継ぎ，共に培った，美しい風土と，豊かな心をさらに育み，この恵まれた大地に，世界の人々に開かれた町，心のこもった“写真映りのよい”町の創造をめざします．
そして，今，ここに，世界に向け，東川町「写真の町」誕生を宣言します．
（引用元：　https://town.higashikawa.hokkaido.jp/town-of-photograph/declaration.php）

1994（平成6）年に東川町が開始した「写真甲子園」は，野球の甲子園と同じように，写真部やサークルの高校生が全国から集い，写真で競い合うイベントである．500校以上が参加する一大イベントで，東川町が本戦大会開催地となっていることもあり，若年層への東川町の知名度を高める手段にもなっている．

さらに，2014（平成26）年には「写真の町」宣言をさらに発展させた，「写真文化首都」宣言を発表している．

東川町「写真文化首都」宣言

宣言の趣旨

現在，国内は過疎・過密の 2 極化が進行しています．国は多極分散型社会として強靭な国づくりを目指していることから，本町では写真文化の首都として地方から発信するものです．

人として本来の居場所＝「適当に疎が存在する町」＝適疎

※ 豊かな自然を大切に生かす共生型社会

※ 写真文化など本町の特性を生かした地方振興

国内外のネットワークと連携

地方の文化歴史保存

世界の人々との交流

宣言の目的

「写す，残す，伝える」心を大切にした写真文化の中心地として，写真と世界の人々を繋ぐことを目的としています．

背景と実績

- 「写真の町」を宣言し，写真文化による町づくりや生活づくり，そして人づくりを 30 年にわたり展開している．
- 公共ギャラリーを有し，東川町国際写真フェスティバルや写真甲子園を実施する等，写真文化活動を 30 年にわたり展開している．
- 写真の町東川賞の収蔵作品，蔵書，カメラ等，写真文化に関する財産が本町に蓄積されている．

写真文化首都宣言文

1985 年，私たちは「自然」と「人」，「人」と「文化」，「人」と「人」それぞれの出会いの中に感動が生まれる「写真の町」を宣言し，写真文化を通じて潤いと活力のある町づくりに取り組んできました．30 年にわたる「写真文化」への貢献は私たち住民の大きな誇りになっています．

私たちは「写真文化」を通じて「この小さな町で世界中の写真に出逢えるように，この小さな町で世界中の人々と触れ合えるように，この小さな町で世界中の笑顔が溢れるように」願っています．

「おいしい水」,「うまい空気」,「豊かな大地」を自慢できる素晴らしい環境を誇りにする東川町が，30年にわたる「写真文化」の積み重ね，そして地域の力を踏まえ，開拓120年の今，私たちは未来に向かって均衡ある適疎な町づくりを目指し,「写す，残す，伝える」心を大切に写真文化の中心として，写真文化と世界の人々を繋ぐ役割を担うことを決意し，ここに「写真文化首都」を宣言します.

この小さな町で世界中の写真に出逢えるように
・写真文化に取り組む国内外とのネットワークづくりと連携，交流
・写真家の育成と活動支援
・写真文化の収蔵と展示

この小さな町で世界中の人々と触れ合えるように
・国際写真フェスティバル
・写真文化を通じた若者の交流
・豊かな自然や産業文化の発信

この小さな町で世界中の笑顔が溢れるように
・心地よい適疎な居場所を尊重する空間づくり
・「集い，学び，触れ，写す」心を育てる空間づくり
・「話（対話や会話)，和（調和や平和)，輪（人の輪や知恵の輪)」を楽しむ空間づくり

（引用元：https://town.higashikawa.hokkaido.jp/town-of-photograph/declaration.php）

東川町の近年の強みの１つは，地の利や自然環境にあるといえる．町の中心部から旭川空港までは約7 km，車で10分．旭川・羽田間のフライトは所要時間1時間40分のため，東川町から東京まで2時間ほどで出られることになる．また，旭川市の中心部までは約13 km・車約20分と近いため，買い物や通勤・通学の便も良い．このような地の利もあり，移住者が増えており，生まれてくる子どもの数が亡くなる人の数より少ない「自然減」は続いているものの，他地域からの転入が転出を上回る「社会増」が続いている．

人口増加に関しては，外国人の人口が増え続けていることも注目される．統計の発表が開始された2012（平成24）年12月末には50人，2013（平成25）年12月末は51人であったが，2014（平成26）年12月末には118人，2015（平成

27）年12月末には188人，2016（平成28）年12月末には254人，2017（平成29）年12月末には326人，2018（平成30）年12月末には380人と，毎年70名前後ずつ増加している．実は東川町では国際交流にも積極的に取り組んでおり，自治体としては珍しく台湾，タイ，中国，韓国，ベトナムの5カ国に海外事務所を開設しており，東川町の情報を発信している．町のロゴマークには，「HIGASHIKAWA THE TOWN OF PHOTOGRAPHY」と，自治体では珍しい英語表記版があり，町のwebサイトには英語版が大きく掲げられている．

自然環境については，町は「大雪山国立公園」内に位置し，旭岳からの豊富な雪解け水を水源とする地下水が豊かなため町に上水道はなく，北海道内で唯一，全町民が良質な地下水を利用している．山の風景や緑の多い町並み，花や紅葉，星などの自然資源は，移住希望者を惹きつけるとともに，写真映りのよい町として多くの観光客を呼んでいる．近年では若年層の観光客が増加している．また，隣接する旭川市の「旭川家具」は，実は3割が東川町で作られており，東川町では木工が盛んである．町内には木材を活用した建造物も多く，アトリエやギャラリー，おしゃれなカフェやベーカリーなどがみられる．

とはいえ，町の設立以来，順風満帆の運営を続けてきたわけではない．2003（平成15）年の「平成の大合併」の際，人口7,500人ほどの東川町も近隣町村との合併を検討したが，合併しない道を選択した．この時に，合併反対の推進を掲げて東川町長に当選したのが，現町長である松岡市郎氏である．松岡氏は，強力なリーダーシップを発揮し，「東川町が単独で生き残り，人口確保という課題を解決するには，従来の行政を打ち破る意識改革を行うしかない」，「予算がない，前例がない，他の市町村でやっていない．こんな“できない理由”探しはやめて，ポジティブな発想でやってみよう．そのためには好きなことをどんどんしたらいい．人にどんどん会いなさい．責任は私が持つ」という姿勢で，大改革を推進した（引用元：https://www.projectdesign.jp/201704/local-design/003542.php）．

松岡町政になってから発案され，成功を収めた大きな取り組みがある．「ひがしかわ株主制度」（ふるさと納税）である．東川町では毎年，町の株主総会が開かれている．これは，松岡町長の，「町に住んでいる人だけでなく，応援してくれる人だって“住人”だ．これからの時代，定住人口が大きく回復することはない．ならば，定住人口を一定に保った上で，町を応援してくれる人を増やしていこう」（引用元：東洋経済ONLINE「北海道の寒村が挑む「自治体株主制度」が凄い　返礼品で終わらない，長い関係性の作り方」）という考え方をもとに，町の若手職員が発案した施策である．東川町では，町に住んでいないが町を応援してくれる人を「応援人口」と呼んでおり，「応援人口」から税金を収受する方法がないかを検討していた．その時，若手職員が株主優待を応用してはどうかと発案し，株式を長期保有する株主に対して株主優待が付与される仕組みを真似て，「ひがしかわ株主制度」が生まれた．仕組み自体はふるさと納税制度を活用しているものの，株式投資のように運営されている．町に寄付（投資）する際は，写真の町事業や，スキー選手の育成，町産ワインの醸造など，どの事業に投資するかを株主自身が選択する．各事業には目標金額と募集期間が掲げられており，毎年進捗状況や経費が株主に報告される．また，特産品の農産物や木工品などが返礼品として送られる．さらに，株主証と特別町民証が付与され，株主総会に参加できる他，株主優待のように町内の公共施設を町民価格で利用できたり株主専用の宿泊施設に宿泊できるなどの特典が受けられる．ひがしかわ株主制度の2018（平成30）年度の投資（寄付）受付実績は，投資額400,414,000円，投資株主数21,786人にのぼった．

他にも，2005（平成17）年10月3日から始まった，新しい婚姻届のスタイルを提案する「新・婚姻届」や，同年11月1日から始まった「新・出生届」，2006（平成18）年から始まった，東川町生まれの子どもに椅子を贈る「君の椅子」プロジェクト，「写真の町・記念写真プレゼント事業」など，東川町に住むことをブランドにするような数々の取り組みが行われている．「新・婚姻届」は東川町で入籍した瞬間の写真を撮影して夫婦にプレゼントするもので，記念のメッセージシートは「写真の町」東川文化ギャラリーに保存される．「新・出生届」は，出生届に記載された内容が台紙に複写され，記念のスタンプを押して，生まれた子どもに記念として贈られるものである．

「写真の町」東川町では，今後の展開として以下を挙げている．

今後の展開

- 住民写真 Web album による保存（世帯ごとの写真保存）
- 写真甲子園の歴史 Web gallery

- 受賞作家の Web gallery
- 収蔵作品・図書・カメラなどのコレクション Web gallery
- 写真・図書・カメラなどの販売提案と shop etc.

出所：

東川町「世帯・人口の推移」，https://town.higashikawa.hokkaido.jp/administration/pdf/004.pdf，閲覧日 2020 年 3 月 15 日

北海道東川町，地域医療情報システム（日本医師会），http://jmap.jp/cities/detail/city/1458，閲覧日 2020 年 3 月 15 日

「リーダー不在で成功した，北海道東川町のまちづくり〈情報工場「読学」のススメ #6〉」玉村雅敏・小島敏明編著『東川スタイル』（2016 年 5 月 30 日），https://newswitch.jp/p/4794，閲覧日 2020 年 03 月 15 日

写真の町，https://town.higashikawa.hokkaido.jp/town-of-photograph/，閲覧日 2020 年 3 月 15 日

宣言文　写真の町宣言・写真文化首都宣言，https://town.higashikawa.hokkaido.jp/town-of-photograph/declaration.php，閲覧日 2020 年 03 月 15 日

東川町のあゆみ，https://town.higashikawa.hokkaido.jp/special/town-history/，閲覧日 2020 年 03 月 15 日

『東川町史』第 3 巻，pp. 3–4，数字で見る「ひがしかわ」，https://town.higashikawa.hokkaido.jp/special/town-history/pdf/town-history-vol3-all.pdf，閲覧日 2020 年 03 月 15 日

『ビジネスインサイダー』「移住者続々，20 年で 2 割も人口増――北海道東川町「脱公務員思考」で進めた自立政策（2018/8/5）」，https://www.businessinsider.jp/post-172481，閲覧日 2020 年 03 月 15 日

谷脇茂樹「北海道東川町に見る小規模都市の地方創生」『富山国際大学現代社会学部紀要』第 11 巻第 2 号（2019 年 3 月），https://www.tuins.ac.jp/library/pdf/2019gensha-PDF/201903-05taniwaki.pdf，閲覧日 2020 年 3 月 15 日

東洋経済 ONLINE，北海道の寒村が挑む「自治体株主制度」が凄い　返礼品で終わらない，長い関係性の作り方（2018/07/29 08:00），閲覧日 2020 年 03 月 15 日

第 30 期図司ゼミ③ 北海道東川町 竹田 慶介，東川スタイルの再考～東川町民のための文化事業であるために～，https://www.jcrd.jp/seminar/54fb0b9cf68659163cf71d552ebebc719f2e336f.pdf, 閲覧日 2020 年 3 月 15 日

ひがしかわの未来を育てよう「写真の町」ひがしかわ株主制度，平成 30 年度実績報告，https://higashikawa-jip.jp/wp/wp-content/uploads/2019/09/e8c495f3bcd8e2b067a658489706b728.pdf，閲覧日 2020 年 3 月 15 日

東川町（北海道上川郡）「写真の町」　地域バリューチェーン

外部力と内部力の新結合

地域固有の物語：Site Specific Storytelling
- 「平成の大合併」を拒絶して自立の道を選択
- 「東川スタイル」と呼ばれる独自施策（「ひがしかわ株主制度」など）
- 旭川空港まで 10 分，東京まで 2 時間の地の利や自然豊かな環境

素材
- 大雪山国立公園の豊かな恵みを受けた，上水道不要の雪解け水による水源や美味しい空気，木材

加工・製造
- 「写真映りのよい町」であるための景観条例など
- 木工（旭川木工）
- 「応援人口」の確保
- 海外事務所の設置

販売サービス
- ひがしかわ株主制度
- 海外への情報発信
- 写真映りのよい，木製品や，木造建造物のおしゃれなカフェやショップ

地域の重層的リーダーシップ
- 1985 年に「写真の町」宣言をしてから 2000 年代初めまでは，特定の個人や組織による強力なリーダーシップの下で成し遂げられた改革ではなく町職員，住民がそれぞれの役割を果たす［内部力（ジモティ）］
- 移住者，応援人口［外部力（ヨソモノ）］
- 松岡市郎町長（2003 年～）のリーダーシップ（「予算がない，前例がない，他の市町村でやっていない．こんな“できない理由”探しはやめよう」）

地域コミットメント
- 「一村一品運動」さなかの 1985 年，文化を基軸にした「写真の町」を宣言，「写真映りのよい町」をテーマにしたまちづくりを進めてきた
- 「写真の町」宣言を発展させた「写真文化首都」宣言
- 過疎でなく，未来に向かって均衡ある適疎な町づくり

成果
- 「社会増」が継続
- 外国人人口は 2012 年には 50 人，2013 年 51 人であったが，2014 年 118 人，2015 年 188 人，2016 年 254 人，2017 年 326 人，2018 年 380 人と，毎年 70 人前後ずつ増加（各 12 月末）
- 「写真甲子園」には全国から 500 校以上が参加
- ひがしかわ株主制度の 2018 年度の投資（寄付）受付実績は，投資額 400,414,000 円，投資株主数 21,786 人

写真甲子園（東川町 Photo town HIGASHIKAWA 公式サイト）
https://town.higashikawa.hokkaido.jp/town-of-photograph/
閲覧日：2021 年 2 月 7 日

2. 釧路市（北海道）「夏だけ移住」

テーマ：「夏だけ移住」〜夏涼しい気候を活かしたシニアの長期滞在を，コンパクトシティ化でより便利に〜

基礎データ：人口 167,588 人，世帯数 94,225（2020 年 2 月末現在），高齢化率 30.40%（65 歳以上・2015 年）

近年の温暖化による猛暑を逃れる避暑地として，交通アクセス，自然資源，食などの魅力も相まって，シニア層などを中心に長期滞在者が多い．まちは定住人口の減少を前提として，長期滞在者の積極受け入れやコンパクトシティ化を進めることで，まちの維持・持続を図っている．

事例の概要：

雄大な大自然に囲まれ，農業が盛んで食資源が豊富，夏でも涼しいなどの特徴を持つ北海道は，全国からの有力な移住先の 1 つであるが，なかでも釧路市は北海道体験移住「長期滞在（ちょっと暮らし）」の利用人数で 8 年連続全道第 1 位となっている．「ちょっと暮らし」とは，道内の市町村等が運営主体となり，北海道への移住・二地域居住の希望者に，家具や家電を備え付けた住宅等を準備し，その地域での生活を体験してもらうという取り組みである．2018（平成 30）年度は，釧路市に 899 組 1,353 人，のべ 20,333 日にわたり長期滞在者が滞在した．長期滞在者からは「釧路は第 2 の故郷のよう」「涼しさが何よりのごちそう」「猛暑を逃れ，とても涼しく快適に生活できた」「健康の続く限りずっと来たい」等の感想が寄せられている．また，近年は長期滞在しながらコワーキングスペース等を利用して働く滞在者も増えているという．釧路市の長期滞在者の来訪実績は，2017（平成29）年度まで漸増を続けてきた．2018（平成30）年度は少し減少したが，1,300人規模を維持している．

釧路市の長期滞在者の来訪実績

平成30年度	899組	1,353人	20,333日
平成29年度	907組	1,419人	21,303日
平成28年度	863組	1,311人	22,105日
平成27年度	280組	455人	9,871日
平成26年度	181組	295人	8,812日
平成25年度	141組	225人	7,174日
平成24年度	121組	183人	7,064日
平成23年度	73組	124人	4,913日
平成22年度	21組	36人	1,149日
平成21年度	20組	39人	1,641日
平成20年度	17組	31人	531日

（引用元：https://www.city.kushiro.lg.jp/machi/ijyuu/taizai/0003.html）

北海道が実施している「ちょっと暮らし」の利用者は，「平成30年度「ちょっと暮らし」利用者アンケート調査」によれば，直近3年度とも，60歳代以上が7割を占めており，夫婦での利用が6割を占める．利用者の居住地は，首都圏と近畿圏の合計で7割前後，中京圏を含めると8割に上る．また，「ちょっと暮らし」の利用はリピーターが6割以上に上っている．これらのことから，首都圏などに住むシニア層が涼しい夏場を中心に「夏だけ移住」をリピートしていることがうかがわれる．釧路市はそのライフスタイルで選ばれる筆頭の都市となっている．

釧路市が長期滞在先に選ばれる理由として，気候条件があげられる．夏の最も暑い時期でも最高気温はおよそ21.4度と涼しく，エアコンが不要．スギ・ヒノキ林がないため花粉の飛散もなく，冬場は北海道の中では雪が少ない．秋冬は晴天が多く，「世界三大夕日」の1つと呼ばれている素晴らしい夕日もみられる．（世界三大夕日とは，1965（昭和40）年頃に船乗りたちによって，フィリピンのマニラ，インドネシアのバリ島，北海道釧路が夕日の素晴らしい場所だといわれるようになったというもの.）過ごしやすい気候のため，夏場だけ釧路市に滞在するという「夏だけ移住」というライフスタイルも定着しつつある.

また，東京羽田から釧路空港までは飛行機で約1時間45分と，移動の負担が少ない．釧路湿原や阿寒湖など国立公園や温泉などの観光資源も豊富である．農業や漁業が盛んなため，新鮮な野菜や海の幸，酪農製品も入手しやすい.

さらに，釧路市はコンパクトシティであり，商業施設など必要な機能が比較的狭い範囲にまとまっている．今後も人口減少傾向が続くと見込まれる釧路市では，2012（平成24）年12月『釧路市コンパクトなまちづくりに関する基本的考え方』を策定した．市街地をこれ以上広げないことを原則として，そのなかの構造を機能集約型に転換させていくという方針を示している．コンパクトシティゆえに，狭い範囲に医療体制が確保されていることも，特にシニア層にとっては1つの選択理由となっていると考えられる．医療体制については，市内には総合病院が3つあり，病院や診療所も100カ所以上に上り，長期滞在中の高度健診受診などもしやすい環境が整えられている.

このように釧路市では，長期的に定住人口は減少していくことを大前提として，まちを維持するために長期滞在者や二拠点居住地を積極的に受け入れている.

観光地としての釧路市は，阿寒湖や天然記念物「まりも」，アイヌ文化や阿寒湖温泉といった観光資源が豊富にもかかわらず，2000（平成12）年より以前は，「夕方4時に到着し，翌朝9時までに出発する団体・周遊拠点型温泉観光地」となっていた．この状況を，滞在型リゾートに変革し，定住者も増やしていくために，阿寒湖温泉まちづくり協議会が設置され，「阿寒湖温泉再生プラン2010」が策定された．さらに，平成17年には阿寒観光協会と阿寒湖温泉まちづくり協議会が統合し，NPO法人阿寒観光協会まちづくり推進機構が設立された．阿寒観光協会まちづくり推進機構では，まりも再生を通したエコツーリズムやアイヌ文化を学べる体験プログラムなどの観光プログラムや，住んでいて楽しい観光まちづくりを目指した女性グループ「まりも倶楽部」の活動（観光マップの作成，地場食材活用の料理研究やメニュー開発，花の育苗研究や花いっぱい運動）などを展開してきた．2018（平成30）年度の観光入込客数は約530万人（過去最高），宿泊客延数は約153万1千人泊，訪日外国人宿泊客延数は約16万人泊（過去最高）となった．また，さきごろの半定住者の増加・定着は，このような20年来の観光まちづくりの成果ともいえる．

出所：

釧路市「住民基本台帳人口」，https://www.city.kushiro.lg.jp/shisei/toukei/jinkou/0001.html，閲覧日2020年3月15日

北海道釧路市，地域医療情報システム（日本医師会），http://jmap.jp/cities/detail/city/1206，閲覧日2020年3月15日

釧路市「長期滞在（ちょっと暮らし）北海道1位のまち釧路」，https://www.city.kushiro.lg.jp/machi/ijyuu/taizai/0003.html，閲覧日2020年3月15日

北海道体験移住「ちょっと暮らし」平成30年度実績，http://www.pref.hokkaido.lg.jp/ss/csr/H30chottokurashi.pdf，閲覧日2020年3月15日

平成30年度「ちょっと暮らし」利用者アンケート調査結果，http://www.pref.hokkaido.lg.jp/ss/csr/ijusuishin/H30_worksheet.pdf，閲覧日2020年3月15日

北海道の翼AIR DO，世界三大夕日を観る，https://www.airdo.jp/information/white_adventure/article/article003.html，閲覧日2020年3月15日

釧路・阿寒湖観光公式サイト，http://ja.kushiro-lakeakan.com/overview/1052/，閲覧日2020年3月15日

くしろ長期滞在ビジネス研究会「釧路が長期滞在に選ばれる理由（2020/3/12）」，https://cool946.com/，閲覧日2020年03月15日

釧路市「『釧路市コンパクトなまちづくりに関する基本的考え方』を策定しました（平成24年12月）」，https://www.city.kushiro.lg.jp/machi/t_keikaku/toshikeikaku/toshikeikaku/page00009.html，閲覧日2020年3月15日

国土交通省，北海道 釧路市，NPO法人 阿寒観光協会まちづくり推進機構，http://www.mlit.go.jp/common/000213032.pdf，閲覧日2020年3月15日

2018年度（平成30年度）釧路市観光入込客数 調査結果（概要）（2019年（令和元年）5月31日），https://www.city.kushiro.lg.jp/common/000137409.pdf，閲覧日2020年3月15日

釧路市（北海道）「夏だけ移住」 地域バリューチェーン

外部力と内部力の新結合

地域固有の物語：Site Specific Storytelling
- 阿寒湖国立公園，釧路湿原国立公園，世界三大夕日など雄大な自然
- 長期滞在（ちょっと暮らし）北海道第1位のまち釧路
- 主要産業の一画を占める農漁業の恵みによる豊富な食資源

素材	加工・製造	販売サービス
・阿寒湖国立公園などの観光資源 ・農漁業による食 ・夏涼しく過ごしやすい気候 ・釧路空港（地の利）	・コンパクトシティとしてのまちの機能や交通，医療体制の充実	・「くしろステイメンバーズカード」による優待 ・高度健診などの医療サービス ・ホテルなども長期滞在プランを提供

地域の重層的リーダーシップ
- 北海道を挙げた「ちょっと暮らし」（半定住）促進の取り組み
- 釧路市としての「ちょっと暮らし」の誘致，リピーター向け施策
- 観光協会まちづくり推進機構による民間主導の観光まちづくり

地域コミットメント
- 人口減少は不可避，コンパクトシティ化を進め，半定住人口を増やすことでまちの機能を維持
- 団体・周遊拠点型温泉観光から，滞在型リゾート，定住地への転換

成果
- 2018年度は，1,353人の長期滞在者が滞在.（2011年度から8年連続での全道第1位）
- 2018年度の観光入込客数は約530万人（過去最高），宿泊客延数は約153万1千人泊，訪日外国人宿泊客延数は約16万人泊（過去最高）

ファームビズ HP（Cookbiz Co.,Ltd.）
https://farmbiz.jp/life/kushiroshi151104/
閲覧日：2021年2月7日

3. 紫波町（岩手県紫波郡）「オガールプロジェクト」

テーマ：「オガールプロジェクト」～PPP（公民連携）で「消費を目的としない人」を呼び込み，駅前の賑わいを作る～

基礎データ：人口33,091人，世帯数12,290，高齢化率30.67%（2020年2月末現在）

オガールプロジェクトはPPP（公民連携）の手法を活用した公共施設建設の成功事例である．公共施設，商業施設，宿泊施設，居住地区が一体となったオガールエリアには，町民のみならず外部からの視察者も絶えず来訪しており，持続可能な公共事業とまちづくりのあり方を示している．

事例の概要：

紫波町（しわちょう）は1955（昭和30）年に1町8村が合併して誕生した．盛岡市と花巻市の中間に位置し，奥羽山脈と北上山地に挟まれ，中央には北上川が流れる，自然の恵み豊かな農業中心の町である．特産品は全国有数の生産量を誇るもち米，そばや麦，野菜，りんごやぶどう，西洋梨などのフルーツ類である．また，冷涼で降雨の少ない気候を生かして作られるぶどうを生かし，2005（平成17）年からは紫波ワインも作られている．紫波町は県内で随一のぶどう産地であり，ワイン生産は県内唯一である．紫波ワイナリーでは，ワイナリーとぶどう畑の見学と，ランチをセットにした，「ワインツーリズム」というプログラムを展開している．2011（平成23）年の東日本大震災の被災地でもあり，同年発売の「無ろ過　メルロー&カベルネフラン」を「復興ワイン」と名付け販売している．

紫波町が2007（平成19）年より進めている「オガールプロジェクト」は，公民連携のまちづくり事業で，全国から注目を集めている．「オガールプロジェクト」はJR紫波中央駅前の10.7 haの町有地に，町役場や図書館，運動場，保育園といった町の施設や，宿泊施設，商業施設などを複合的に建設するため，2009（平成21）年より開始された．「オガール」という名前は，敷地が駅前であることと，まちづくりの出発の始発駅とする意味を込めて，フランス語の「gareガール」（＝駅）と，紫波の方言の「おがる」（＝育つ・成長する）を掛け合わせて名付けられた．

中心施設は2012（平成24）年に完成した「オガールプラザ」で，地域交流センターや図書館，子育て支援センターなどの町の施設のほか，産直施設「紫波マルシェ」や飲食店，クリニックなどを擁する複合施設となっている．鮮魚店，パン店，カフェや居酒屋などの多くは地元企業が運営する店で，地元紫波産の食材を使ったメニューなどを提供している．他にも，薬局，眼鏡店，アウトドア・スポーツ用品店，キッズ英会話スクール，進学塾，トレーニング施設などのテナントが入っており，住民向けの総合的な商業サービスを提供している．商業施設も多く入居するが，実は「消費を目的としない人」にとって魅力的な場を作り，人を集めることを目指したという．人口減少が進む町では，商業施設だけでは集客に限界がある．そのため，図書館やスポーツ施設，子育て支援センター，町役場など，消費を伴わずに利用できる施設を中心に配備し，その周辺に商業施設も配置するという方法で，全体としての集客につなげている．はじめから巨大マーケットを狙うのではなく，ニッチで固有のマーケットを狙う「ピンホールマーケティング」を掲げている．また，「建築はまちを助ける装置」であるとして，「オガールエリア・デザインガイドライン」を設けて，人と環境に優しい素材の活用や，統一感のある景観を作り上げている．

オガールプロジェクトでリーダーシップを発揮し全体の推進を担ったのは，第三セクターの株式会社オガール紫波であり，本プロジェクトのキーマンとして活躍する岡崎正信氏である．岡崎氏は地元出身で，東洋大学大学院でPPP（Public Private Partnership，公民連携）を学んだ経験を持ち，地域振興整備公団（現在の都市再生機構）でさまざまな地域再生事業に携わった後，オガールプロジェクトの取締役に就任した．実は紫波中央駅前の土地は，町が10年来所有していたが，公共プロジェクトとして開発を進めることができなかった．PPPは公共性と民間の市場原理の双方を融合させてプロジェクトを進めるための主要なコンセプトとなった．町に代わりPPPを推進する株式会社オガール紫波を，関係者は「PPPエージェント」と呼んでいる．「オガールプラザ」は，オガール紫波が発注者となって全体の建設を行い，公共施設である情報交流館（図書館と地域交流センター）部分を事後に紫波町に売却した．町営部分以外は特定目的会社（SPC）であるオガールプラザ株式会社が所有しており，テナントに貸し出している．「オガールプラザ」の民営部分は，補助金に頼らず，事業化後のキャッシュフローで返済していく前提で，東北銀行からの融資を受けて賄われている．岡崎氏は補助金に頼らなかった理由として，「補助金に頼るとどうしても事業の見積もりが甘くなる」と述べており，外部からのアドバイザーなどのアドバイスも受けて，プロジェクトファイナンス形式で事業を実現している．

「オガールプロジェクト」は2020（令和2）年現在，構想より約13年が経過している．オガールプロジェクトが生み出した雇用は2014（平成26）年度までに170人に上り，当初の年間来訪者の目標30万人に対し，年間約80万人以上の来訪者を記録した（2014（平成26）年度）．人口約3万3千人に対し，交流人口（オガールエリアの年間利用者）は約30倍の100万人に上るという．日経BP総研（日経BP社）が運営する「新・公民連携最前線」が，全自治体を対象に行政視察の受け入れに関する実態を尋ねるアンケート調査「視察件数ランキング」によると，2016年度・2017年度の自治体職員・議員による視察の受け入れ件数は，全国の様々な事業のうちで最多の結果となった．オガールプラザの商業施設のテナントは100%埋まっており，紫波中央駅前の基準地価は上昇，周辺分譲住宅の57区画は完売したという．

出所：

紫波町「今月の数字で見る窓口」，http://www.town.shiwa.iwate.jp/material/files/group/1/202002_1_jinkousetai.pdf　閲覧日2020年3月15日

紫波町の人口と高齢化率等（平成31年度現在），http://www.town.shiwa.iwate.jp/material/files/group/2/chikubetsu2.pdf，閲覧日2020年3月15日

紫波町「紫波町ってどんなとこ？」，http://www.town.shiwa.iwate.jp/chosei/iju/1/1567.html，閲覧日 2020 年 3 月 15 日

紫波町「まちのプロフィール」，http://www.town.shiwa.iwate.jp/chosei/gaiyo/2194.html，閲覧日 2020 年 3 月 15 日

WINE BAZAAR「岩手県紫波町でつくられるワインの特徴とは」，http://wine-bzr.com/article/country/japan/iwate/iwate_others/4789/，閲覧日 2020 年 3 月 15 日

オガールプロジェクトとは，https://ogal.info/project/about.php，閲覧日 2020 年 3 月 15 日

「紫波町公民連携基本計画―公共施設整備と町有地の有効活用―」平成 21 年 2 月 10 日策定，http://www.town.shiwa.iwate.jp/material/files/group/9/08888196.pdf，閲覧日 2020 年 3 月 15 日

岡崎正信「紫波町オガールプロジェクトにおける公民連携」，https://www.aij.or.jp/jpn/design/2018/data/2_4award_001.pdf，閲覧日 2020 年 3 月 15 日

日経 BP 総研「新・公民連携最前線　10 年以上放置された駅前に，年間 80 万人　オガールプロジェクト（1）公ができなかったから民がやる（2015. 02. 18）」，https://project.nikkeibp.co.jp/atclppp/tk/20150216/435677/，閲覧日 2020 年 3 月 15 日

日経 BP 総研「新・公民連携最前線　なぜ「消費を目的としない人」を集めるのか？　オガールプロジェクト（2）　仕掛け人・岡崎正信氏に聞く　聞き手：黒田 隆明（2015. 02. 18）」，https://project.nikkeibp.co.jp/atclppp/tk/20150216/435648/，閲覧日 2020 年 3 月 15 日

有限会社イーズ（代表：枝廣淳子）「イーズ未来共創フォーラム　公民連携で町を再生～紫波町オガールプロジェクト（2019 年 4 月 18 日）」，https://www.es-inc.jp/insight/2019/ist_id009916.html　閲覧日 2020 年 3 月 15 日

日経 BP 総研「新・公民連携最前線　紫波町「オガール」，視察ランキングで 2 年連続 1 位（2018. 10. 18）」，https://project.nikkeibp.co.jp/atclppp/091800002/100200005/，閲覧日 2020 年 3 月 15 日

政治家 かとう 裕太ブログ「岩手県紫波町へ行政視察へ行ってきました．公民連携（PPP）のオガールプロジェクト（2019/2/20）」，https://go2senkyo.com/seijika/168149/posts/46604，閲覧日 2020 年 3 月 15 日

国土交通省「取組事例（第 1 弾）　モデル都市の形成・横展開【官民連携】官民連携による公有地の一体的活用」，https://www.mlit.go.jp/common/001146077.pdf，閲覧日 2020 年 3 月 15 日

紫波町（岩手県紫波郡）「オガールプロジェクト」 地域バリューチェーン

外部力と内部力の新結合

地域固有の物語：Site Specific Storytelling
- 紫波中央駅前の町有地は10年以上も放置されてきた
- PPP（公民連携）によるまちづくりを目指す
- 人口減少は所与のものとして，始めからニッチな「ピンホールマーケティング」と「消費を目的としない人を集める」ことを目指す

素材	加工・製造	販売サービス
・10.7ha の町有地 ・食資源（穀物，野菜，果物，ワインなどの市内産品や海産物） ・町内産の木材	・公共施設と商業施設を融合した複合施設 ・6次化の土産品 ・町内産木材を活用した建造物	・滞在者向けの宿泊施設や，地域産品の販売店，飲食店など ・視察者受入プログラム（歳入増加）

地域の重層的リーダーシップ
- キーマンの岡崎正信氏が，紫波町独自のPPPのあり方を創造［外部力を持ち帰った内部力（ジモティ）］
- 周辺住民やNPO法人紫波みらい研究所［内部力（ジモティ）］
- 視察者を中心とした，年間100万人もの交流人口による広報効果［外部力（ヨソモノ）］

地域コミットメント
- 「オガール」という名前に込めた意味＝フランス語の「gare ガール」（駅）と，紫波の方言の「おがる」（育つ・成長する）を掛け合わせ
- 「消費を目的としない人」を集客エンジンに
- プロジェクトファイナンスによる資金調達（補助金に頼らない）
- 「オガールエリア・デザインガイドライン」によるデザインの確保

成果
- プロジェクトが生み出した雇用は2014年度までに170人
- 年間来訪者の目標30万人に対し，年間約80万人以上の来訪者（2014年度）
- 人口約3万3千人に対し，交流人口は約30倍の100万人
- 2016年度・2017年度の自治体職員・議員による視察の受け入れ件数で全国1位

紫波中央駅　オーガル案内版（左），オーガルベース（右上），バレーボールアリーナ（右下）
筆者撮影
撮影日：2017年2月13日

4. ミガキイチゴ（宮城県亘理郡山元町）「食べる宝石」

テーマ：「食べる宝石」～地域産品のいちごで震災復興，IT 農業とマーケティングで付加価値を大幅に向上～

基礎データ：宮城県亘理郡山元町，人口 12,183 人，世帯数 4,779（2020 年 2 月末現在），高齢化率 39.60％（2019 年 3 月 31 日現在）

山元町は 2011 年の東日本大震災の津波被害により，まちの主要産品であるいちご生産農家の約 95％ が被災した．産地復興のため「いちご団地」の建設が進められる中で，若手経営者が IT 農業により高付加価値の MIGAKI-ICHIGO を生み出し，世界に発信している取り組みが注目されている．

事例の概要：

亘理郡山元町（わたりぐんやまもとちょう）は，宮城県の太平洋沿岸に位置する町で，主な産業は農業であり，温暖な気候を活かして，いちごやりんご，米，野菜などが作られている．特に「仙台いちご」は町を代表とする特産品として，町全体の農業生産額の約 5 割を占めていた．しかし山元町は，2011（平成 23）年 3 月 11 日に発生した東日本大震災により町土の約 4 割が津波被害を受け，塩害や瓦礫などにより農地の約 6 割が耕作不能となった．129 戸あったいちご農家のうち 125 戸が被災し，栽培施設の約 95％ が倒壊や冠水し，壊滅的な被害を受けた．

震災後，山元町と隣接する亘理町では，いちご生産設備の復旧し，いちご生産を復興するため，2012（平成24）年度から東日本大震災復興交付金を活用し，栽培施設（亘理町：23 ha99戸，山元町17 ha52戸）を団地状に整備して産地復興に取り組み始め，両町合わせて7カ所に「いちご団地」の建設が行われた．2013（平成25）年9月に初の引き渡しが行われ，2016（平成28）年3月現在151戸の農家が約41 haの鉄骨ハウスで生産に取り組んでいる．いちごは管理状況により収量や品質に差が出るため，農家には競争意識をもたせた方がよいとの判断があり，各ハウスは個々の農家がそれぞれ管理している．

いちご作りは，震災前は主にパイプハウスで，井戸水を用いた土耕栽培により行われていたが，震災後は高設養液栽培によって行われている．震災の塩害で土地利用のためには盛り土が必要になること，また井戸水利用が難しくなり水道水を用いる必要があることから，より少ない水量で行える養液栽培が選択された．また，養液栽培を行うためには，鉄骨ハウスや機械設備が必要であり，大規模な設備投資が必要になるが，ハウスのリースは全額公的助成により無料となっている．ただし，復旧を目的とする助成のため，従来の面積の1.0倍までの規模での利用に制限された（2012（平成24）年6月時点）．

いちご団地で生産を再開した農家の9割以上は，以前は土耕栽培を行っていたため，高設養液栽培の経験がなかった．そこで，亘理農業改良普及センターが事務局となり，JAみやぎ亘理，独立行政法人農研機構野菜茶業研究所，宮城県農業・園芸総合研究所，その他システム・肥料メーカーが参画する，「いちご団地栽培支援チーム」が結成された．支援チームでは，指導体制を整備するとともに指導方針や具体的な指導計画を作成したり，研修会の開催や情報発信を行うことによって，農家の高設養液栽培への挑戦を支援した．

「いちご団地」では，収量のさらなる増加や品質の確保を目指し，IT活用などの新たな取り組みも行われている．また，地域に人を呼ぶための施策として，2019（平成31）年2月には，生産者の所得向上や交流人口の拡大による地域振興を図るため，農水産物直売所「やまもと夢いちごの郷」がオープンした．山元町でとれる完熟いちごのほか，特産の蜜入りリンゴ，ホッキ貝，シャインマスカットなど，地元の農家による農産物や新鮮な魚介類，地場加工品などを取り扱うほか，いちご狩りの受付や農園案内も行っている．

このような，いちご農業復興の取り組みによって，山元町では震災前までの

「仙台いちご」としての系統出荷に加えて，新たな法人の設立や海外生産，販路の開拓，加工品開発などの動きが活発化し，いちごの一大産地として新たな一歩を踏み出している．成果については，震災前 2010（平成 22）年産から 2014（平成 26）年産では，栽培面積は約 97 ha から約 56 ha へと震災前の約 57% まで回復した．また，栽培面積の回復以上に，販売金額が回復している．販売額は約 33 億円から約 23 億円へと，震災前の約 70% まで回復した．品質が向上し，平均収量・上位等級比率も向上した．平均収量は震災前 3.5 t/10a から 3.9 t/10a へ，上位等級比率は 73% から 78% へ向上している．

また，震災後，若手が中心となって新たに設立した「農業生産法人」の取り組みも注目されている．株式会社 GRA は，山元町で 2011（平成 23）年に創業した企業で，「食べる宝石」をコンセプトにした自社ブランドのいちご「MIGAKI-ICHIGO（ミガキイチゴ）」を生産し，独自の販路開拓や特徴のある 6 次化商品の開発などの取り組みを行っている．GRA 創業者の岩佐大輝氏は山元町の出身で，東京で IT ベンチャー企業を経営していた．東日本大震災の直後，岩佐氏は津波被害により被災した山元町を復興させるため町に戻り，ボランティア活動などを行っていたが，町の住民にアンケートや聞き取りを行った結果，いちご農業や新しい雇用への期待が大きかったことから，GRA を創業し，いちご作りを開始した．農業を通して「10 年，100 社，10000 人の雇用機会を創出する」ことを掲げている．岩佐氏の得意分野は IT であったことから，いちご農家の匠の技を IT 技術によってデータベース化し，活用することで，高品質ないちごを安定した収量で生産する体制を作り上げた．また，東京時代の人的ネットワークを活用して，いちごとしては今までにないようなコンセプトやパッケージデザイン，販売戦略を作り上げた．MIGAKI-ICHIGO は，デザイン性の高いパッケージに 1 粒だけ収められて，1 粒 1,000 円という高額で販売されている．MIGAKI-ICHIGO を使ったスパークリングワインやビネガー，化粧品なども作っており，首都圏・東北を中心として百貨店やインターネット通販で販売しているほか，インドなど海外でも事業を展開している．

2020（令和 2）年 3 月 11 時点では，GRA だけで正社員 25 名，パート社員も含めると 100 人超を雇用している．GRA は単位面積あたりのイチゴの収穫量が日本平均の倍，質の面でも販売単価は平均の倍という驚くべきノウハウを構築している．また，2017（平成29）年からは，GRAのIT農業のノウハウを1年で学び，山元町で独立してもらう新規就農支援事業も開始している．これまで9つの法人・個人事業が開始され，2020（令和2）年にはさらに7つの経営体が開始される予定となっている．

出所：

山元町トップページ「人口・世帯」，https://www.town.yamamoto.miyagi.jp/，閲覧日2020年3月19日

宮城県「高齢者人口調査結果（平成31年）」，https://www.pref.miyagi.jp/soshiki/chouju/31koureisyazinkou.html，閲覧日2020年3月19日

宮城県保健福祉部長寿社会政策課「宮城県高齢者人口調査の結果について（令和元年7月2日）」，https://www.pref.miyagi.jp/uploaded/attachment/745672.pdf，閲覧日2020年3月19日

いちご復活と東北一の産地復活へ，https://www.town.yamamoto.miyagi.jp/uploaded/attachment/9887.pdf，閲覧日2020年3月19日

農林水産省「宮城県　いちご団地による東北一の産地復興（活動期間：平成25年度～継続中）」，https://www.maff.go.jp/j/seisan/gizyutu/hukyu/h_zirei/pdf/04h27_miyagi.pdf，閲覧日2020年3月19日

梅本雅（中央農業総合研究センター）「小特集「震災と地域農業―食と農の視点から―」震災からの復旧・復興過程における農業経営と地域農業」『農林業問題研究』（第188号・2012年12月）（受理日：2012年9月12日），https://www.jstage.jst.go.jp/article/arfe/48/3/48_365/_pdf，閲覧日2020年3月19日

内田多喜生（農林中金総合研究所主席研究員）「宮城県津波被災地における農業復旧・復興の現状と課題」『農林金融』2016年3月号，https://www.nochuri.co.jp/report/pdf/n1603re1.pdf，閲覧日2020年3月19日

山元町農水産物直売所「やまもと夢いちごの郷」公式サイト，https://yumeichigo.jp/about.html，閲覧日2020年3月19日

環境省「環境ビジネスフロントランナー2015　File19農業　IT技術で匠の技を再現　株式会社GRA（宮城県）」，https://www.env.go.jp/policy/keizai_portal/B_industry/frontrunner/reports/h27engine_19gra.pdf，閲覧日2020年3月19日

AERA dot.「「ミガキイチゴ」の挑戦は続く――東日本大震災から9年，ヒトを軸にした被災地復興・地方創生の現在（2020. 3. 11）」，https://dot.asahi.com/dot/photoarticle/2020022800075.html?page=1，閲覧日2020年3月19日

MIGAKI-ICHIGO，http://www.migaki-ichigo.jp/，閲覧日2020年3月19日

ミガキイチゴ（宮城県亘理郡山元町）「食べる宝石」 地域バリューチェーン

外部力と内部力の新結合

地域固有の物語：Site Specific Storytelling
- 温暖な気候を活かした農業が盛んで，特に「仙台いちご」は町を代表とする特産品として，町全体の農業生産額の約5割を占めていた
- 2011年の東日本大震災により町土の約4割が津波被害を受け，塩害や瓦礫などで，いちご農地の約95%が壊滅状況に陥った

素材
- 「仙台いちご」，りんご，米，野菜などの農産物や，ホッキ貝などの海産物
- 復興助成金

加工・製造
- 高設養液栽培（いちご団地）
- GRAによるIT活用
- スパークリングワインやビネガー，コスメ等

販売サービス
- 「MIGAKI-ICHIGO」
- 農水産物直売所「やまもと夢いちごの郷」
- GRAによる新規就農支援事業

地域の重層的リーダーシップ
- 亘理農業改良普及センターが農研機構や県の研究所，メーカーなどを取りまとめた，「いちご団地栽培支援チーム」［内部力（ジモティ）］
- GRAを創業した岩佐大輝氏のITに関する知見と，地元の復興に対する想い［外部力（ヨソモノ）視点をもった内部力（ジモティ）］
- 岩佐氏が東京から率いてきた，プランナーやデザイナーやコンサルタントなどのプロボノ人材による貢献［外部力（ヨソモノ）］

地域コミットメント
- 町の主要産業であった，いちごづくり農業の復興と，地元の雇用維持・創出への地域住民の期待
- 農業を通して「10年，100社，10,000人の雇用機会を創出する」というGRAの企業理念

成果
- 震災前2010年産→2011年産では，栽培面積は約97ha→約56haと震災前の約57%まで回復，販売額は約33億円→約23億円と，震災前の約70%まで回復
- 平均収量は震災前3.5t/10a→3.9t/10a，上位等級比率は73%→78%
- GRAだけで正社員25名，パート社員も含め100人超を雇用（2020年3月11日時点）
- GRAの新規就農支援事業により，9つの新事業が開始，2020年にはさらに7つが開始予定

MIGAKI-ICHIGOの商品群
http://www.migaki-ichigo.jp/
閲覧日：2021年1月29日

5. 鶴岡市（山形県）「食文化創造都市」

テーマ：「食文化創造都市」～在来作物の保存と世界への食文化発信～

基礎データ：人口 126,195 人，世帯数 48,718（2019 年 3 月 31 日現在），高齢化率 32.00%（65 歳以上・2015 年）

鶴岡市では「食文化」をまちづくりの主要素と位置付け，地域の食材や食文化の継承と産業振興をめざしている．在来作物の継承や学術研究，料理人による地元食材を使ったスローフードなど，農業と食によって移住者や観光客を呼び込むエコシステムが形成されている．

事例の概要：

鶴岡市は，2005（平成 17）年 10 月 1 日に，鶴岡市，藤島町，羽黒町，櫛引町，朝日村，温海町の 6 市町村の合併により発足した．江戸時代には鶴岡藩（通称：庄内藩）の城下町として栄え，全国有数の稲作地帯である庄内平野に位置しており，庄内米やだだちゃ豆，野菜や果樹などの農業が盛んである．日本海に面しており 12 の漁港をもち，海産物も豊富に獲れる．土壌や立地に恵まれて素材が豊富なことと，庄内藩の城下町で，江戸時代には北前船の寄港地であった加茂港を擁していたことから，北前船で財をなした商人らを中心に，豊かな食文化が築かれた．一方で，人口減少や，少子・高齢化への対応は喫緊の課題となっており，鶴岡市では，まちづくりの主要な要素として「食文化」を位置付け，地域の多彩な食材や食文化の次世代への継承と，食に関する産業振興をめざし，取り組みを進めている．

産・学・官・民の連携の下でこの取り組みを進めていくために，2011（平成23）年7月，「鶴岡食文化創造都市推進協議会」を設立した．「鶴岡食文化創造都市推進協議会」には，山形県，鶴岡市，農協，商工会議所，森林組合，漁業協同組合等の生産者のほか，山形大学農学部，慶應義塾大学先端生命科学研究所等の教育研究機関，在来作物研究会，新聞社等が参加している．2011年11月ソウル市において開催された「ユネスコ創造都市ネットワーク会議 in ソウル2011」に榎本政規市長（当時）が参加し，鶴岡の食文化の魅力と将来ビジョンをアピールする演説を行ったり，パリ等での精進料理の紹介など国際的なプロモーション活動を実施してきた結果，2014（平成26）年12月に「ユネスコ創造都市ネットワーク　食文化分野」への加盟が認定された．ユネスコ創造都市ネットワークへの加盟は，文化の多様性の保護と世界の持続可能的な発展に貢献することが大きな目的である．2016（平成28）年12月現在，世界116都市がそのネットワークに加盟しており，うち食文化分野に加盟しているのは世界18都市となっている．鶴岡市では，日本初の「ユネスコ食文化創造都市」として，地域経済や学術・文化の振興・発展に取り組んでいる．

鶴岡市政策企画課食文化推進室の秋葉敏郎氏によると，ユネスコに認められた鶴岡食文化の特徴は次の3点だという．

(1)　「生きた文化財」としての在来作物
在来作物とは，ある地域で世代を超えて栽培され，人々に親しまれてきた野菜，果樹，穀類などの作物で，遺伝的多様性の面でも，栽培技術や食文化の継承を担う媒体としても，貴重な「生きた文化財」と言われている．鶴岡市内で約50種類の在来作物が継承されている．例えば，だだちゃ豆や温海カブなどがある．
(2)　在来作物を支える学術研究機関
多種多様な在来作物の保存と普及を学術研究機関が支えている．市内にある山形大学の農学部には2004年，「山形在来作物系統保存センター」が設置されている．また，山形大学農学部の教員を中心とした，「山形在来作物研究会」が2003年に設立されている．
(3)　シェフや料理人が食文化の振興に貢献
鶴岡市内のイタリアン・レストラン「アル・ケッチァーノ」は，オーナーシェフの奥田政行氏が2000年に開業して以来，在来作物など旬の地元産こだわり食材

を使い，生産者の顔の見えるメニューを提供している．奥田政行氏は1969年，山形県鶴岡市生まれ．2004年より山形県庄内総合支庁「食の都庄内」親善大使や，「庄内浜文化伝道師マイスター」も務めており，イタリア・スローフード協会国際本部「テッラ・マードレ2006」で「世界の料理人1000人」にも選出されている．

2017（平成29）年7月1日には，JR鶴岡駅前にあるマリカ東館1階に，「ユネスコ食文化創造都市・鶴岡」の情報発信拠点として，「つるおか食文化市場FOODEVER（フーデェヴァー）」がグランドオープンした．FOODEVERでは，鶴岡の食を味わえる飲食店や厳選された新鮮な食材などが手に入るマルシェがあり，さまざまな食のイベントが開催されている．FOODEVERは，「鶴岡丸かじり」というwebサイトを通じて，鶴岡の食文化をwebでも発信している．ただしFOODEVERの2018（平成30）年度の収入は，当初予測約1億3100万円に対し，半分程度の約6800万円となり，運営業者が経営難のためフロア管理業務から退く意向を所有者の市に伝えているという．

他にも，豊富な食材や豊かな食文化に惹かれて，鶴岡に移住してレストランを開業する料理人などが増えている．地域で有機農業などを行う農業者が直接レストランに食材を収めるなど，地産地消が進んでいる．また，農業と食が牽引して，移住者や観光客を呼び込むエコシステムが根付きつつある．

2018（平成30）年9月には，鶴岡市に宿泊施設「SHONAI HOTEL SUIDEN TERRASSE（ショウナイホテル　スイデンテラス）」がオープンした．世界的建築家である坂茂氏の設計によるもので，水田に建物が映し出されて鏡のような美しい光景をみることができる．地産地消のレストラン「IRODORI」を併設している．また，隣接する「KIDS DOME SORAI（キッズドームソライ）」は，12歳までの子どもを対象とした巨大な遊戯施設で，室内アスレチックやネットジャングルを備えた「アソブ」エリアと，素材と道具を選んで遊び道具を作れる「ツクル」エリアからなっている．これらの施設は，山形庄内地方に拠点や縁を持つ企業の出資により，2014（平成26）年に設立された街づくり会社であるヤマガタデザイン株式会社が運営している．ヤマガタデザイン株式会社では，2018（平成30）年から，庄内地域へのUIJターンをターゲットにしたポータル web メディアのショウナイズカンも運営している．地域の課題に対し，地域が持続し，自走する仕組みを創りだす事業を行っている．2016（平成 28）年にスイデンテラス，2017（平成 29）年にはキッズドームソライに着工し，2018（平成 30）年に両施設を開業した．ヤマガタデザイン株式会社では，「事業として再生産可能なキャッシュフローを獲得し続けること」を明確に打ち出しており，若い人材が集い，地域活性化に寄与するさまざまな取り組みを行っている．

これらの取り組みの結果，インバウンド取り込みも視野に入れた観光振興の取組みが奏功し，2011（平成 23）年から 2016（平成 28）年までの 5 年間で観光入込数は 24.7% の増加，外国人延べ宿泊者数は 134.4% の増加となった．

出所：

鶴岡市「人口（平成 31 年 3 月 31 日現在）」，https://www.city.tsuruoka.lg.jp/shisei/gaiyo/tokei/shimin01jinkousetai.files/R2.2.pdf，閲覧日 2020 年 3 月 19 日

山形県鶴岡市，地域医療情報システム（日本医師会），http://jmap.jp/cities/detail/city/6203，閲覧日 2020 年 3 月 19 日

朝日新聞デジタル「日本遺産「北前船」に鶴岡市が追加認定（2019 年 5 月 21 日）」，https://www.asahi.com/articles/ASM5N41DRM5NUZHB00Q.html，閲覧日 2020 年 3 月 19 日

国土交通省「ユネスコ食文化創造都市・鶴岡　インバウンド観光の推進と交通施策（2017 年 8 月）」，http://www.mlit.go.jp/sogoseisaku/soukou/soukou-magazine/1708tsuruoka.pdf，閲覧日 2020 年 3 月 19 日

本田洋一（大阪市立大学大学院創造都市研究科客員研究員）「山形県鶴岡市における「食文化創造都市」への取り組み」，http://ccn-j.net/activity/pdf/dc94a490c64f791aa83969127f9fab7d1.pdf，閲覧日 2020 年 3 月 19 日

鶴岡食文化創造都市推進協議会，http://www.creative-tsuruoka.jp/，閲覧日 2020 年 3 月 19 日

秋葉敏郎（鶴岡市政策企画課食文化推進室）「ユネスコ食文化創造都市　鶴岡」『日本調理科学会誌』Vol. 49，No. 5，pp.337–339（2016 年），https://www.jstage.jst.go.jp/article/cookeryscience/49/5/49_337/_pdf，閲覧日 2020 年 3 月 19 日

庄内を思いっきり楽しむ web メディア「FLOAT Shonai 【7 月 1 日グランドオープン】鶴岡の食をまるごと楽しめる複合施設「FOODEVER」に行こう（June 28, 2017）」，https://float-shonai.com/archives/3432，閲覧日 2020 年 3 月 19 日

つるおか食文化市場 FOODEVER，http://foodever.info/，閲覧日 2020 年 3 月 19 日

食文化「鶴岡丸かじり」，http://tsuruokamarukajiri.info/，閲覧日 2020 年 3 月 19 日

山形新聞「運営業者，フロア管理から撤退意向 鶴岡「食文化フーデバー」（2019/12/20）」，https://www.msn.com/ja-jp/news/other/%E9%81%8B%E5%96%B6%E6%A5%AD%E8%80%85%E3%80%81%E3%83%95%E3%83%AD%E3%82%A2%E7%AE%A1%E7%90%86%E3%81%8B%E3%82%89%E6%92%A4%E9%80%80%E6%84%8F%E5%90%91-%E9%B6%B4%E5%B2%A1%E3%80%8C%E9%A3%9F%E6%96%87%E5%8C%96%E3%83%95%E3%83%BC%E3%83%87%E3%83%90%E3%83%BC%E3%80%8D/ar-BBYaVNa，閲覧日 2020 年 3 月 19 日

つるおか移住促進サイト「前略　つるおかに住みマス.」 http://tsuruoka-iju.jp/，閲覧日 2020 年 03 月 19 日

ショウナイズカン　ヤマガタデザイン株式会社，https://www.shonai-zukan.com/shigoto/yd_gaac，閲覧日 2020 年 3 月 19 日

鶴岡市（山形県）「食文化創造都市」 地域バリューチェーン

外部力と内部力の新結合

地域固有の物語：Site Specific Storytelling
- 江戸時代には鶴岡藩（通称：庄内藩）の城下町として栄え，庄内米や野菜や果樹などの農作物が豊富
- だだちゃ豆や温海カブといった約50種類の在来作物が継承される
- まちづくりの主要な要素として「食文化」を位置付け，地域の多彩な食材や食文化の次世代への継承と，食に関する産業振興をめざす

素材	加工・製造	販売サービス
・庄内米や野菜，果樹などの豊富な農作物 ・豊富な海産物 ・地域の食や農の価値を認める料理人	・「生きた文化財」としての在来作物の継承・研究・活用 ・有名シェフ奥田政行氏の地産地消の取り組みと情報発信	・レストランアルケッチャーノやアグリフードツーリズムツアーなどの展開 ・市内に数々ある地産地消レストラン ・FOODEVER

地域の重層的リーダーシップ
- 産・学・官・民の連携の「鶴岡食文化創造都市推進協議会」による「ユネスコ創造都市ネットワーク食文化分野」加盟に向けた活動
- アルケッチャーノを開業した奥田政行シェフ［外部力（ヨソモノ）を身につけて地元に戻ってきた内部力（ジモティ）］

地域コミットメント
- 豊富な食材と北前船による恵みから豊かな食文化が形成されてきた
- 大切に継承してきた，だだちゃ豆などの在来種を，固有の地域資源として世界への発信に活用

成果
- 2014年に「ユネスコ創造都市ネットワーク食文化分野」に加盟
- インバウンド取り込みも視野に入れた観光振興の取り組みが奏功し，2011年から2016年までの5年間で観光入込数は24.7%の増加，外国人延べ宿泊者数は134.4%の増加となった．

鶴岡市内の農産物直売所（左），庄内米の水田風景（右）
筆者撮影
撮影日：2019年6月25日

6. 秩父地域（埼玉県）「聖地巡礼」

テーマ：「聖地巡礼」～「あの花」「ここさけ」によるアニメツーリズムで，アニメファンを地域のファンへ～

基礎データ：秩父市，人口 61,800 人，世帯数 26,367（2020 年 3 月 1 日現在），高齢化率 30.70%（65 歳以上・2015 年）
横瀬町（よこぜまち），人口 8,188 人，世帯数 3,335（2020 年 3 月 1 日現在），高齢化率 30.50%（65 歳以上・2015 年）
皆野町（みなのまち），人口 9,855 人，世帯数 3,961（2018 年 4 月 1 日現在），高齢化率 34.00%（65 歳以上・2015 年）
長瀞町（ながとろまち），人口 7,279 人，世帯数 2,929（2018 年 1 月 1 日現在），高齢化率 35.00%（65 歳以上・2015 年）
小鹿野町（おがのまち），人口 11,406 人，世帯数 4,674（2020 年 3 月 1 日現在），高齢化率 33.30%（65 歳以上・2015 年）
秩父地域全体，推計人口 97,885 人，世帯数 37,640（2018 年 4 月 1 日現在），高齢化率 32.80%（2018 年 1 月 1 日現在）（埼玉県全体の約 1.3 倍と，県内で最も高い地域）

従来から年間 900 万人の観光客が訪れる秩父地域では，若者の呼び込みが課題となっていたが，秩父地域の実際の景観と地元の若者の青春ストーリーを絡めたアニメ作品により，若年層を中心とする作品のファンが「聖地巡礼」として当地を訪れ，数十億円規模の経済効果を生み出している．

事例の概要：

秩父地域（秩父市，横瀬町，皆野町，長瀞町，小鹿野町）は埼玉県西部に位置し，群馬県，長野県，山梨県，東京都に接している．都心からは80 km圏内に位置し，直通の鉄道特急で約80分で到着する．なお，2020（令和2）年3月13日をもって西武池袋線・西武秩父線で1969年から50年間にわたり親しまれてきた特急電車「レッドアロー号」は引退した．新たな特急は建築家・妹島和世氏監修による001系（愛称「ラビュー」）となっている．

平成の大合併で，秩父市・吉田町・大滝村・荒川村が2005（平成17）年4月に「秩父市」となり，小鹿野町・両神村が同年10月に「小鹿野町」となった．これにより，秩父地域は1市4町（秩父市，横瀬町，皆野町，長瀞町，小鹿野町）となった．地域面積89,262 ha（県土面積の24%）の約8割を森林が占めており，そのほとんどが秩父多摩甲斐国立公園や武甲県立自然公園などに指定されている．首都圏の上流地域であることから，国土交通省および埼玉県によって水資源確保と洪水防止を目的として，1961（昭和36）年から2009（平成21）年までに荒川上流ダム群（二瀬，浦山，滝沢および合角）が建設され，首都圏の水がめの役割を担っている．

秩父地域の産業は，江戸時代は養蚕，絹織物業が営まれ，物資の集散地として発展し，独自の習慣や風俗が育まれてきた．明治時代以降は，繊維産業，林業のほか，武甲山のセメント産業などが起こり，近年では豊富な水を活用した電子部品や精密機械器具製造などの機械工業も行われている．また，長瀞渓谷や美しい紅葉がみられる中津峡や両神山などの景観や，日本三大曳山祭りの1つである「秩父夜祭」，江戸時代からの「秩父札所34ヶ所観音霊場」などがあり，「芝桜の丘」や「ミューズパーク」などの公園も含めて，年間900万人もの観光客が訪れる観光地となっている．中山間地域の特性を活かし，こんにゃく，きのこ等の農林産物の生産，観光と連携した果樹園等の観光農業も行われている．

秩父地域は近年，アニメを活用したアニメツーリズムの成功事例として取り上げられる機会が多い．「あの日見た花の名前を僕達はまだ知らない．」（通称「あの花」）が2011（平成23）年4〜6月TV放映（フジテレビ系深夜アニメ枠「ノイタミナ」にて）され，アニメに描かれた西武秩父駅や旧秩父橋，秩父札所の定林寺などがファンの間で聖地となっている．また，同じ制作スタッフが再集合し，「心が叫びたがってるんだ.」（通称「ここさけ」）という作品が作られ，2015（平成27）年9月劇場公開，2017（平成29）年夏には実写映画公開も発表された．アニメに描かれた秩父札所の大慈寺や横瀬駅などが作品ファンの間で聖地となっている（いずれの作品も，原作：超平和バスターズ，版元：アニプレックス，アニメ制作：A-1ピクチャーズ）．

秩父地域を舞台にしたアニメの制作は版元と制作会社が企画したものである．制作を開始すると，街並みや駅舎など実際の景観をアニメに描いていることを秩父市観光課や西武鉄道に伝えた．西武鉄道では，沿線にスタジオジブリなどをはじめとするアニメ制作会社が多かったことから，2007（平成19）年に日本動画協会と協力し「アニメのふるさとプロジェクト」を開始していた．また，秩父市では2010（平成22）年7月に，埼玉県の補助金を受けて，「秩父アニメツーリズム実行委員会」を設立していた．構成団体は，秩父市，秩父観光協会，西武鉄道，秩父鉄道，秩父商工会議所，横瀬町などの11団体である．そのため，「あの花」の放映後すぐにファンが地域に大量に訪れるようになった際も，秩父商工会議所や秩父観光協会，西武鉄道，秩父鉄道などと協力して速やかな対応を行うことができた．

日本政策投資銀行のレポート「コンテンツと地域活性化」によると，秩父地域の「聖地巡礼」の成功のポイントは，次の点であるとしている．

①地元がアニメの舞台になり，「ファン」「地域」「版元」各々の思いがある中でバランスをとり協力体制が組まれたこと
＝「地域の魅力再発見と情報発信」

②作品性を大切にしつつ，アニメを入口・きっかけにして地域ファンを増やしていったこと
＝「アニメファンが地域ファンへ」，「来訪者増加および維持による地元への経済波及効果」

「聖地巡礼」を促すために行われているのが，「聖地巡礼マップ」や「巡礼ノート」，「回遊イベント」や「大型イベント」である．「あの花」の「聖地巡礼マップ」は2011（平成23）年7月から2017（平成29）年5月までに約24万部，「ここさけ」は2016（平成28）年3月から2017（平成29）年5月までに約6万

部が配布された.「聖地巡礼マップ」には，アニメ作品に関連しない観光情報は一切掲載していないという．古民家を利用したコミュニティスペース「ほっとすぽっと秩父館」には，ファンが自由に書き込める「巡礼ノート」が置かれており，ファンの立寄場所となっている．また，まちなかを回遊してもらうために行っている，スタンプラリー，クイズラリーなどの回遊イベントは，何度も訪れてもらうために春・夏・秋の年 3 回行っており，参加すると，毎回異なるオリジナルの作品関連記念品をもらえるようになっている．地元の商店も，「あの花」グッズや菓子などを次々と制作している．地場産業である地元酒造とのコラボ商品や，伝統工芸の手染めとのコラボ商品なども作られており，ファンにとっては秩父に足を運ばなければ手に入らないグッズが，現地へ赴く理由ともなっている．

結果として，これまで若者を呼び込むことが課題となっていた地域に，新たに若者の観光客を呼び込むことに成功した．2019（平成 31）年には「あの花」「ここさけ」に続き，同じ長井龍雪監督で新たな作品「空の青さを知る人よ」が制作された．2019（令和元）年 10 月 11 日に東宝の配給により全国公開され，2020（令和 2）年 6 月 10 日に，Blu-ray & DVD が発売されている．

秩父地域おもてなし観光公社によると，秩父地方の観光客数は，2011（平成 23）年度は 804 万 8 千人だったが，2014（平成 26）年度には 900 万人台の 909 万 3 千人となり，2017（平成 29）年度まで毎年増加している．2018（平成 30）年度は天候の影響と，秩父夜祭が平日に開催された影響から，前年比 2% 減の 965 万 4 千人となったが，900 万人台を維持した.「あの花」の経済効果は，2011（平成 23）年テレビ放送時 3 億円，2013 年劇場版公開時には「あの花夏祭 in ちちぶ」等が開催されるなどして，放送から 3 年間で約 22 億円の効果を上げたとされている．また，秩父地域での国内入込観光客数は 982 万 5 千人，訪日入込観光客数は 13 万 2 千人となっている．

埼玉県では現在，アニメを活用した地域活性化を，県をあげて行っていこうとしている．秩父の「あの花」「ここさけ」以外に，久喜市鷲宮が舞台の「らき☆すた」や川越の「神様はじめました」，飯能の「ヤマノススメ」など，さまざまな作品が作られている．広域で複数作品や地域を結び，アニメによる地域振興を県としてブランド化していくため，2013（平成 25）年からは大宮ソニックシティで大型イベント「アニ玉祭」が開催されている．2013（平成25）年開催では約6万人を集客し1.5億円の経済効果を上げた．以降2019（令和元）年度まで毎年開催されている．

「アニ玉祭」
主催：アニ玉祭実行委員会（公益財団法人埼玉県産業文化センター，埼玉県，テレビ埼玉，文化放送，FM NACK5，ジェイコムさいたま，さいたま新聞社）
講演：経済産業省関東経済産業局，さいたま市　他
これまでの開催実績：
第7回　2019年10月14日　来場者数27,032人　経済効果不明
第6回　2018年10月14日　来場者数31,500人　経済効果1億5,111万円
第5回　2017年10月22日　来場者数10,500人　経済効果6,005万円
第4回　2016年10月9日　来場者数34,000人　経済効果1億7,410万円
第3回　2015年　来場者数32,000人　経済効果1億5,039万円
第2回　2014年　来場者数63,000人　経済効果1億7,571万円
第1回　2013年　来場者数60,000人　経済効果1億3,434万円

出所：

秩父市の人口と世帯，http://www.city.chichibu.lg.jp/1143.html，閲覧日2020年3月19日

横瀬町「字別人口・年齢別人口」，http://www.town.yokoze.saitama.jp/life/jinkou_setai/azabestu.html，閲覧日2020年3月19日

皆野町「統計みなの　02人口　01人口・世帯数の推移（資料：町民生活課「住民基本台帳」)（平成30年4月1日現在)」，https://www.town.minano.saitama.jp/shoukai/toukei/，https://www.town.minano.saitama.jp/wp-content/uploads/2018/09/ad9d6a42965af96bc2d8be6287286830.pdf，閲覧日2020年3月19日

長瀞町「町（丁）字別人口調査（平成30年）（更新日：2018年1月1日)」，http://www.town.nagatoro.saitama.jp/page-18081/，閲覧日2020年3月19日

小鹿野町の人口世帯（令和2年3月1日現在)」，https://www.town.ogano.lg.jp/ogano-population/，閲覧日2020年3月19日

埼玉県秩父市，地域医療情報システム（日本医師会），http://jmap.jp/cities/detail/city/11207，閲覧日2020年3月19日

埼玉県横瀬町，地域医療情報システム（日本医師会），http://jmap.jp/cities/detail/city/11361，閲覧日2020年3月19日

埼玉県皆野町，地域医療情報システム（日本医師会），http://jmap.jp/cities/detail/city/113

62，閲覧日 2020 年 3 月 19 日
埼玉県長瀞町，地域医療情報システム（日本医師会），http://jmap.jp/cities/detail/city/11363，閲覧日 2020 年 3 月 19 日
埼玉県小鹿野町，地域医療情報システム（日本医師会），http://jmap.jp/cities/detail/city/11365，閲覧日 2020 年 3 月 19 日
秩父市の位置・地勢，歴史，http://www.city.chichibu.lg.jp/3983.html，閲覧日 2020 年 3 月 19 日
埼玉県秩父農林振興センター「秩父の森林・林業と統計　令和元年版（平成 30 年度実績）」，https://www.pref.saitama.lg.jp/soshiki/b0904/ringyou/documents/r1toukei.pdf，閲覧日 2020 年 3 月 19 日
朝日新聞デジタル「秩父の観光客，5 年連続 900 万人突破（2019 年 6 月 22 日）」，https://www.asahi.com/articles/ASM6K44G1M6KUTNB00B.html，閲覧日 2020 年 3 月 19 日
イマタマ―今デカケル多摩の情報ポータルサイト「【さらば，特急レッドアロー号】ラストランプロモーション実施中（2020 年 3 月 4 日）」，https://imatama.jp/article/news/redarrow，閲覧日 2020 年 3 月 19 日
西武鉄道「特急ラビュー」，https://www.seiburailway.jp/express/limitedexpress/laview/about//index.html，閲覧日 2020 年 3 月 19 日
埼玉県「秩父地域の概況」，https://www.pref.saitama.lg.jp/b0604/documents/h30-100_chiiki.pdf，閲覧日 2020 年 3 月 19 日
日本政策投資銀行「コンテンツと地域活性化～日本アニメ 100 年，聖地巡礼を中心に～（2017 年 5 月）」，https://www.dbj.jp/topics/region/industry/files/0000027774_file2.pdf，閲覧日 2020 年 3 月 19 日
秩父アニメツーリズム実行委員会「10 年目突入記念企画『あの花』スタンプラリー 2019～聖地ちちぶ 10 年目のあしあと～　及び令和元年『あの花』龍勢奉納イベントを西武秩父線開通 50th・秩父鉄道創立 120th コラボ企画として開催！（2019 年 7 月 22 日）」，https://www.seiburailway.jp/news/news-release/2019/20190722anohana_stamp2019.pdf，閲覧日 2020 年 3 月 19 日
空の青さを知る人よ，https://soraaoproject.jp/，閲覧日 2020 年 3 月 19 日
経済産業省関東経済産業局「2020 年，オリンピック・パラリンピック開催時最も効果的な地域活性化施策とは？」，https://www.kanto.meti.go.jp/seisaku/olympic/data/20140515sympo_shiryo4.pdf，閲覧日 2020 年 3 月 19 日
秩父地域おもてなし観光公社「インバウンド事例調査レポート」，https://action.jnto.go.jp/wp-content/uploads/2019/01/chichibu_inbound_0314-1.pdf，閲覧日 2020 年 3 月 19 日
第 7 回アニ玉祭「ご来場ありがとうございました（2019.10.16）」，https://anitamasai.jp/topics/info/750/，閲覧日 2020 年 3 月 19 日
アニ玉祭「第 6 回開催報告書」，http://anitamasai.jp/wp/wp-content/uploads/2019/08/report_2018.pdf，閲覧日 2020 年 3 月 19 日

秩父地域（秩父市，横瀬町，皆野町，長瀞町，小鹿野町）（埼玉県）「聖地巡礼」　地域バリューチェーン

外部力と内部力の新結合

地域固有の物語：Site Specific Storytelling
- 都心から80km圏内という地の利
- 広大な面積と，山林や河川など固有の地形からなる豊かな自然を有し，養蚕業や絹織物業などの歴史的産業から独自の習慣や風俗が発達
- 高齢化率が県内で最も高く（平均の1.3倍），過疎化が進む

素材
- 長瀞渓谷や紅葉の中津峡や両神山，秩父夜祭，秩父札所，芝桜の丘などの豊富な自然・観光資源

加工・製造
- 地元の景観をアニメの舞台として描き，若者の青春ストーリーと絡めて情緒を醸成

販売サービス
- アニメ作品「あの花」と「ここさけ」，「空青」
- 聖地巡礼マップ配布による回遊の促進
- そこでしか手に入らないグッズや記念品
- 大型イベントの開催

地域の重層的リーダーシップ
- 版元と制作会社がアニメの制作を企画［外部力（ヨソモノ）］
- 秩父アニメツーリズム実行委員会のパートナーシップ（構成団体は秩父市，秩父観光協会，西武鉄道，秩父鉄道，秩父商工会議所，横瀬町など，事務局は，秩父市産業観光部観光課）［内部力（ジモティ）］
- アニメ作品ファンが自律的に行う情報発信などによる広報効果
- 埼玉県全体として，アニメの「聖地巡礼」による産業振興に意欲

地域コミットメント
- アニメ作品の聖地として，作品の世界観を最も大切にする
- アニメファンを地域ファンに変えていく

成果
- 秩父地方の観光客数は，2011年度の804万8千人から2014年度には909万3千人となり，2017年度まで毎年増加
- 「あの花」の経済効果は，2011年テレビ放送時3億円，放送から3年間で約22億円と試算
- 埼玉県としてのアニメによる地域振興策として2013年から毎年「アニ玉祭」を開催，平均して3万人前後が来場し，1回当たり約1.5億円の経済効果をあげる

「あの日見た花の名前を僕達はまだ知らない」ポスター
秩父観光なび（秩父市公式サイト）
アニメ「あの花」「ここさけ」「空青」聖地秩父情報！
https://navi.city.chichibu.lg.jp/anime/2020/08/2586/
閲覧日：2021年1月29日

7. 流山市（千葉県）「母になるなら、流山市。」

テーマ：「母になるなら、流山市。」〜DEWKSが子育てしやすい森のまちとして，15歳未満人口の増加数全国第1位〜

基礎データ：人口190,531人，世帯数79,498（2019年3月1日現在），高齢化率24.20％（65歳以上・2015年）

「都心から一番近い森のまち」をコンセプトに，共働きの子育て世帯（DEWKS）をターゲットとしてシティーセールスや子育て世代に手厚いまちづくりを進めてきた結果，「母になるなら、流山市。」が定着し，子育て世代の流入や出産による定住人口増加が止まらない状況となっている．

事例の概要：

流山市は1950年代以降，宅地開発が行われ始め，1970年代までに流山鉄道流山線，東武野田線，JR武蔵野線が開通したが，市内には各線の接続駅がないことから，各地域間の繋がりが薄かった．また，複数路線が乗り入れる近隣の松戸市や柏市に比べると，利便性の面でも劣っていた．しかし，2005（平成17）年のつくばエクスプレス（TX）線開通により，東京都心や，研究所などが多く集まる柏の葉地域や筑波地域へのアクセスの良さから，改めて住みたいまちとして注目されるようになっている．

流山市は現在，年少（15歳未満）人口の増加数が「全国第1位」となっている．年少者の転入が多いことに加え，合計特殊出生率が高いためである．流山市では共働きの子育て世帯（DEWKS：Double Employed With Kids）をメイ

全国の年少人口増加数

順位	市区町村	年少人口	増減数	増減率	総人口（住基 2019.1.1）
1	**流山市**	**29,446**	**1,369**	**4.88**	**190,534**
2	世田谷区	108,101	1,300	1.22	908,907
3	品川区	45,641	1,248	2.81	394,700
4	港区	35,111	1,239	3.66	257,426
5	中央区	21,686	1,232	6.02	162,502
6	杉並区	59,399	1,037	1.78	569,132
7	文京区	27,264	945	3.59	221,489
8	北区	36,386	855	2.41	351,976
9	江東区	66,878	681	1.03	518,479
10	新宿区	30,893	680	2.25	346,162

（総務省「住民基本台帳に基づく人口，人口動態及び世帯数」（2019年）による）（引用元：https://www.city.nagareyama.chiba.jp/business/1005390/1022556/1022557.html）

ンターゲットに設定し，「母になるなら、流山市。」をキャッチコピーに掲げて，働きながら子育て・教育ができるまちづくりを進めてきた．流山市の人口を2011（平成23）年と2018（平成30）年で比較すると，約1.6万人増加している．年齢別人口でみると30〜40歳代の人口が最も増加している．

流山市長の井崎義治氏は，2003（平成15）年に流山市長に就任し2020（令和2）年は在任17年目になる．出身地は東京都杉並区で，アメリカ留学，住信基礎研究所，エース総合研究所などでの都市計画コンサルタントや国際NGO勤務の経験を経て，1999（平成11）年に流山市長選に立候補落選した後に，2003（平成15）年に再び流山市長選に立候補して初当選した．井崎氏の市長としての取り組みは，行財政改革，市民自治，街づくり，子育て支援，オープンデータの各分野で目覚ましい成果をあげており，メディアにも頻繁に取り上げられている．井崎氏は，現在も流山市のキャッチフレーズとしている「都心から一番近い森のまち」を軸に市政を行ってきた．「TX（つくばエクスプレス）沿線で一番早く，一番高く売れる街」とすることを目指し，流山市の都市計画を進めてきた．具体的には，緑地を生み出しやすい大街区にすることで，良質な住宅街を形成し，まちの付加価値向上を図った．そのためにまずは，流山市の「イメージ戦略を練る」ことをミッションとするマーケティング課を市役所内に設立した．自治体にこうした課が設置される例は珍しいが，井崎氏が企業出

合計特殊出生率関東1都6県上位

順位	自治体名	合計特殊出生率	出生数
1	つくばみらい市（茨城県）	1.715	541
2	さくら市（栃木県）	1.634	381
3	**流山市**	**1.622**	**1,984**
4	結城市（茨城県）	1.612	400
5	鹿嶋市（茨城県）	1.611	509
6	水戸市（茨城県）	1.606	2,444
7	神栖市（茨城県）	1.591	795
8	太田市（群馬県）	1.588	1,706
9	東大和市（東京都）	1.585	715
10	袖ケ浦市（千葉県）	1.562	514

（厚生労働省「人口動態調査 人口動態統計 出生数，性・母の年齢（5歳階級）・都道府県・市区町村別」（2017年），総務省「平成30年1月1日住民基本台帳年齢階級別人口（市区町村別・日本人住民）」による）

身であったゆえにこのような発想が生まれたと考えられる．

マーケティング課では，「都心から一番近い森のまち」としてのまちのブランドイメージを作り上げるため，さまざまな施策に取り組んできた．その1つが，2006（平成18）年から開始された「流山グリーンチェーン戦略」と「流山グリーンチェーン認定制度」である．TXの開通によって緑地が失われていくことを食い止めるため，一定の高さの木を一定間隔以内で植樹するというもので，認定を受けた物件を購入すると，市内の指定金融機関から住宅ローン金利優遇を受けられたり，森のまちエコセンターによる剪定枝の無料処分のサービスが受けられる．ほかにも流山市では，景観条例や街づくり条例，建築物の高さ制限や広告物条例などを設けて，環境に配慮し，景観の良い緑の多いまちづくりを進めてきた．さらに，共働きの子育て世帯（DEWKS：Double Employed With Kids）の移住促進を図るためのさまざまな施策を行っている．共働きのためには保育園が必要になる．2010（平成22）年時点で17園あった保育園を10年間（2020（令和2）年度まで）で77園まで増やす計画を立てた．また，子育て世代から好評を博している独自施策，「駅前送迎保育ステーション」がある．流山おおたかの森駅と南流山駅に設置されたステーションと，市内の指定保育園をバスで結んでおり，親の子どもたちの送り迎えが駅前ステーションまでですむというものである．

このようなさまざまな施策遂行の結果，流山市では，移住による流入や出産による人口増加が止まらない状況となっている．人口構成はわずか10数年で大きく変化し，2005（平成17）年には極端に少なかった30歳代後半から40歳代半ばの子育て世代が2019（平成31）年には大幅に増加し，人口構成の谷がなくなり，総人口も2005（平成17）年4月の152,499人から2019（平成31）年4月には191,792人へと，4万人以上増加した．

流山市は，人口増加の理由や施策の効果を次の通りとしている．

〔理由1〕　つくばエクスプレス線の開業と土地区画整理事業
2005年につくばエクスプレス線が開通したことにより，流山市は都心と約20分で結ばれるようになりました．つくばエクスプレスの開業準備とともに，流山市内では沿線3地区で土地区画整理事業に着手し，開業と同時にマンションや戸建ての供給が盛んになりました．

〔理由2〕　定住人口の増加に向けたターゲットを絞った住民誘致
全国的に少子化が進む中，自治体として持続的な発展を遂げるためには，流山市では生産年齢世代に定住してもらうことが重要と考え，DEWKS（共働きの子育て世帯）を住民誘致のターゲットとして絞り込み，自治体としては珍しい都内主要駅構内への広告掲載をはじめ，様々な媒体を介してシティーセールスを進めてきました．

〔理由3〕　子育て世帯に手厚いまちづくり
子育て中やこれから子どもをつくろうとする共働きの世帯に選ばれるために，安心して子どもを預けて働くことができるための施設整備とサービスの提供を整えています．

(1) 保育所の整備：流山市では大型マンション開発事業者に対し，保育園建設を条件付けるなどして，民間資本によって保育園を確保しています．2009年から2019年までの11年間で，認可保育園の施設は6.2倍　(11園⇒68園)，認可保育園の定員は7.7倍（660人⇒5,076人）と大幅に増えており，今も新たな保育園の整備が進められています．

(2)　子育て送迎保育ステーションの運営：流山市は全国に先駆けて，市内の主要駅と保育園を送迎バスで結ぶ『送迎保育ステーション』を整備し運営しています．朝の出勤時に子どもをステーションに預けると，子どもは専用バスで保育園に届けられ，夕方にはステーションに戻ります．そして，親子が一緒に帰宅するという仕組みで，保育園の送り迎えの負担が軽減され，子育て世帯に好評をいただいているサービスです．

こうした取り組みにより，「流山市でなら，仕事と子育てが両立できる」「第2子も出産できる」と実感してもらえるようになり，『母になるなら、流山市。』が定着し，新たな子育て世帯の転入が続いています．

（引用元：流山市「～年少人口急増中～『開業するなら、流山市。』（更新日 2020 年 1 月 9 日）」）

出所：

「流山市の常住人口（令和 2 年 3 月 11 日）」，https://www.city.nagareyama.chiba.jp/information/1008422/1008423/1008457.html，閲覧日 2020 年 3 月 19 日

千葉県流山市，地域医療情報システム（日本医師会），http://jmap.jp/cities/detail/city/12220，閲覧日 2020 年 3 月 19 日

流山市「人口増加中（更新日令和 2 年 2 月 4 日）」，https://www.city.nagareyama.chiba.jp/appeal/1003878/1003882.html，閲覧日 2020 年 3 月 19 日

流山市「～年少人口急増中～ 『開業するなら、流山市。』（更新日令和 2 年 1 月 9 日）」，https://www.city.nagareyama.chiba.jp/business/1005390/1022556/1022557.html，閲覧日 2020 年 3 月 19 日

WirelessWire News「なぜ千葉県流山市は，資産価値の下がらない街づくりと子育て世代のブランディングに成功したのか？－日本を変える 創生する未来「人」その7（2019.11.27）」，https://wirelesswire.jp/2019/11/73240/，閲覧日 2020 年 3 月 19 日

千葉県「人口増加の秘密～シティセールスプランに基づくプロモーション活動～（流山市）（更新日：平成 29 年 9 月 29 日）」，https://www.pref.chiba.lg.jp/shichou/gyousei/gyouseikaikaku/nagareyama2.html，閲覧日 2020 年 3 月 19 日

流山市（千葉県）「母になるなら、流山市。」 地域バリューチェーン

外部力と内部力の新結合

地域固有の物語：Site Specific Storytelling
- 流山市は都心のベッドタウンとして発展してきたが，幹線鉄道に直通していないことや相互乗り入れのない鉄道路線などのため，周辺市に比べて魅力が少なかった
- 2005年のTX開通により都心などへの交通利便性が見直された
- TX開通により，豊かだった緑が減り始め，住環境や景観悪化に危機感

素材	加工・製造	販売サービス
• 都心までの距離の近さという地の利 • 緑の多い住環境 • TX開通による交通利便性の向上	• 市役所へのマーケティング課の設置 •「流山グリーンチェーン戦略」「流山グリーンチェーン認定制度」「駅前送迎保育ステーション」などの独自施策	• DEWKSをターゲットにしたシティマーケティングやプロモーション（情報発信や移住促進施策）

地域の重層的リーダーシップ
- 流山市長井崎義治氏の強力なリーダーシップによる行財政改革と効率的経営，マーケティング戦略［外部力（ヨソモノ）が内部力（ジモティ）化］
- 市役所に設けられたマーケティング課の働き［内部力（ジモティ）］

地域コミットメント
-「母になるなら、流山市。」のキャッチコピーの通り，共働きの子育て世帯（DEWKS：Double Employed With Kids）が住みやすいまち
-「都心から一番近い森のまち」の通り，緑が多く景観のよい住環境

成果
- 流山市の総人口は，2005年4月152,499人→2019年4月191,792人と約14年で4万人増加
- 年齢別人口では30～40歳代の人口が最も増加した
- 年少（15歳未満）人口の増加数が「全国第1位」
- 合計特殊出生率は，「関東1都6県で第3位」

流山市広報ポスター
https://www.city.nagareyama.chiba.jp/appeal/1004028/1004029.html
流山市
閲覧日：2021年1月31日

8. 鎌倉市（神奈川県）「パブリテックシティ」

テーマ：「パブリテックシティ」～市民の力と技術を活用し，クリエイティブ人材を呼び込むまちへ～

基礎データ：人口 172,153 人，世帯数 74,885（2020 年 2 月 1 日現在），高齢化率 30.63％（2018 年 7 月 1 日現在）

「カマコンバレー」と称してピッチやクラウドファンディング，地域通貨の実証実験などの取り組みを行い，若手起業家や IT 業界関係者の移住が増えている．鎌倉市は，公共（Public）と技術（Technology）を掛け合わせた造語「パブリテック」をキーワードに社会課題の解決を目指している．

事例の概要：

かつて鎌倉幕府が置かれた歴史をもつ鎌倉市は，鎌倉大仏をはじめ数々の史跡を有している．また，古都の風情と落ち着いて緑の多い住環境，また都心まで 1 時間程度で出られるアクセスのよさで，かつては「定年後に住みたいまち」として人気があった．しかし近年では高齢者については転入より転出が多くなっている．一方で，若い層からの「住みたいまち」としての注目度は高まっている．住宅情報サイト「SUUMO」を運営するリクルート住まいカンパニーが 2013（平成 25）年から行っている「住みたい街ランキング関東」では 2020（令和 2）年は 13 位にランクインしている（参考：リクルート住まいカンパニー「住みたい街ランキング関東」鎌倉市のランキング 2013 年 5 位，2014 年 16 位，

2015年10位，2016年14位，2017年14位，2018年14位，2019年10位，2020年13位）.

なかでも，若手起業家やIT業界関係者の移住が増えている.「カマコンバレー」は，ITを使って鎌倉を盛り上げていこうという趣旨で立ち上げられた団体で，鎌倉市でIT企業を営む住吉ユウ氏他のメンバーが2013（平成25）年に立ち上げた. 同じ鎌倉のIT企業の仲間たちと鎌倉を盛り上げるため，定期的に勉強会や飲み会などを1年くらい行ってきた取り組みが，新聞などに取り上げられたことをきっかけに組織化し，アメリカのシリコンバレーと鎌倉を掛けてカマコンバレーと名付けられた. カマコンバレーでは月に1回2時間の定例会を行っている. 鎌倉で面白い活動をしている人を呼んでプレゼンを聞くスタイルだが，プレゼンターは，プレゼン後に自分の活動の課題を提示し，参加者全員で課題解決のアイデアのブレストを行う. また，カマコンバレーではクラウドファンディングサイトiikuniを運営しており，クラウドファンディングによる資金集めなども行っている.

2017（平成29）年からは，今泉台町内会（NPO法人タウンサポート鎌倉今泉台），東京大学高齢社会総合研究機構，三井住友フィナンシャルグループ等と鎌倉市が連携して，日本で初めての「鎌倉リビングラボ」の取り組みを行っている.「リビングラボ（Living Lab)」とは，まちの主役である住民が主体となって，企業などの産業界や，学術機関，自治体などと広く連携し，暮らしを豊かにするためのサービスなどを生み出す場や活動を指す. 欧州を中心に広まってきたが，共創のまちづくりに有効な手段になるとして，日本でも注目が集まっている.「鎌倉リビングラボ」は，鎌倉市の中でも特に高齢化の進む住宅団地である今泉台で行われており，高齢化時代の新しい生き方や社会のあり方を実験する場となっている. たとえば実績として，株式会社イトーキなどと共同で，住民課題を起点としたテレワーク家具の開発などを行うなどしている.

2018（平成30）年7月には，鎌倉市の提案が自治体SDGsモデル事業の1つとして採択された. 同時期に，3Dプリンターなどを備えたものづくり工房「Fab Lab（ファブラボ)」のネットワーク参加も表明し，「Fab City宣言」を行っている.

また，市民サービスの向上を目的に，行政手続のオンライン化にも取り組んている．2018（平成30）年11月21日には，必要な手続内容や書類等をウェブとスマートフォンで案内する「鎌倉市くらしの手続きガイド」の運用を開始した．鎌倉市の公式LINEから「くらしの手続きガイド」にアクセスすることで，LINE上で情報をみることもできる．また，鎌倉市から東京都心までは約1時間と通勤圏内ではあるが，若年層を中心に就職や進学を機会に転出するケースも多かったことから，新しいワークスタイルを創造し新しい経済圏を作っていくことを目的として，2018年11月に，「鎌倉テレワーク・ライフスタイル研究会」を発足した．さらに，市長が，鎌倉市役所内でも「2018年度中に，課長以上のテレワーク，3年後までに一般職員に対象を広げたテレワーク環境を整え，健康経営を推進する」と宣言したことで，自治体としては異例の管理職のテレワーク制度が2018年度末に試行導入された．鎌倉市役所のテレワーク実施状況としては，2019（令和元）年4月・5月で30%以上が在宅勤務を実施し，2019年8月には本格運用を開始している．また，40%以上がモバイルワークを実施している．また，一般職員にもテレワークを拡大していく計画がある．

これらの動きを牽引してきたのが，3期目の鎌倉市長を務める，松尾崇氏である．松尾氏は鎌倉市出身で，会社員，鎌倉市議会議員，神奈川県議会議員を経て，2009（平成21）年に鎌倉市長となった．松尾氏が掲げるのが，技術を使った社会問題の解決すなわち「パブリック×テクノロジー」を意味する，「パブリテック」であり，鎌倉市を「パブリテックシティ」と位置付けている．さまざまな社会課題を，市民，民間企業と市役所との共創により解決していくというコンセプトで，2018年4月に鎌倉市役所に設置された，共創計画部が窓口となりさまざまなプロジェクトを進めている．

2002（平成14）年から鎌倉に本社を置いている面白法人カヤックは，コミュニティ通貨「まちのコイン」を開発している．鎌倉市において，2019（令和元）年11月18日から12月18日にかけて「まちのコイン」を使った神奈川県「SDGsつながりポイント」の実証実験が行われた．カヤックが提唱している，地域を中心とした新しい資本主義のかたちである「鎌倉資本主義」という考え方の下，「人と人がつながること」「地域と人がつながること」「地域をよくしたい想いをつなげること」を目的にさまざまな仕掛けが組み込まれている．

（参考）鎌倉市　パブリテックの取組について（更新日 2019 年 3 月 28 日）

パブリテックとは，公共（Public）と技術（Technology）を掛け合わせた造語で，AI（人工知能），ディープラーニング（深層学習），ブロックチェーン等の先端技術を用いて，社会課題を解決することを指します．本市では，行政へのテクノロジーの活用により，行政のデジタル化，社会・地域のスマート化，共生社会の実現をめざしています．

本市では，平成 30 年 4 月にパブリテック担当を行政経営部に設置し，行政事務への ICT（Information and Communication Technology＝情報通信技術）活用の可能性の検討，RPA（Robotic Process Automation＝ロボットによる業務自動化）の試行的導入などに取り組んでいます．

また，Society5.0 の実現により鎌倉の価値向上を推進していくため，本年 9 月には LINE 株式会社と包括連携協定を締結し，市民の利便性の向上を図るとともに行政の働き方や効率化を進め，持続可能なまちをめざしているところです．

主な取組は次のとおりです．

- ICT の活用と RPA の試行的導入
- 「くらしの手続きガイド」の導入
- 「くらしの手続きガイド」を利用した手続き書類の電子作成・印刷機能の実証実験
- LINE 株式会社との包括連携協定の締結
- 株式会社ボイスタートとの協定
- Fab City 宣言の実施

出所：

鎌倉の人口と世帯数（地域・町丁・字別），https://www.city.kamakura.kanagawa.jp/soumu/toukei/zinkou_kyu.html，https://www.city.kamakura.kanagawa.jp/soumu/toukei/documents/jinkou0202.pdf，閲覧日 2020 年 3 月 19 日

タウンニュース鎌倉版「高齢化率，来年度がピーク？（掲載号：2018 年 9 月 21 日号）」，https://www.townnews.co.jp/0602/2018/09/21/449791.html，閲覧日 2020 年 3 月 19 日

SUUMO 住みたい街（駅）ランキング 2020 関東版，https://suumo.jp/edit/sumi_machi/2020/sumitaimachi_2020_kanto_31_100.pdf，閲覧日 2020 年 3 月 19 日

東洋経済オンライン「古都・鎌倉に若手起業家が続々移住するワケ（2014/02/03）」，https://toyokeizai.net/articles/-/29445，閲覧日 2020 年 3 月 19 日

鎌倉を盛り上げる「カマコンバレー」の取り組みとは!?（2015/05/01），http://hash.city.fukuoka.lg.jp/news/archives/50.html，閲覧日 2020 年 0 月 19 日

KAMACON，http://kamacon.com/，閲覧日 2020 年 3 月 19 日

クラウドファンディング iikuni「鎌倉の夢に乗っかろう.」，http://iikuni-kamakura.jp/，閲覧日 2020 年 3 月 19 日

鎌倉市が SDGs 未来都市に選定されました！（更新日 2018 年 7 月 6 日），https://www.city.kamakura.kanagawa.jp/keiki/sdgs-sentei20180615.html，閲覧日 2020 年 3 月 19 日

内田洋行「働き方改革を推進する鎌倉市の取組（2019.12.10）」，https://www.uchida.co.jp/localgovernment/contents/report_191210.html，閲覧日 2020 年 3 月 19 日

鎌倉市「鎌倉リビングラボの取組について（更新日 2019 年 11 月 27 日）」，https://www.city.kamakura.kanagawa.jp/seisaku-souzou/livinglab.html，閲覧日 2020 年 03 月 19 日

環境省「事例　神奈川県鎌倉市　持続可能な都市経営「SDGs 未来都市かまくら」の創造『世界に誇れる持続可能なまち』を目指す古都鎌倉の新たな挑戦！」，http://chubu.env.go.jp/2015/CS13-S4.pdf，閲覧日 2020 年 3 月 19 日

鎌倉市「パブリテックの取組について（更新日 2019 年 3 月 28 日）」，https://www.city.kamakura.kanagawa.jp/gyousei/publitech.html，閲覧日 2020 年 3 月 19 日

日経 XTECH「SDGs 先進都市・鎌倉が目指す「パブリテックシティ」とは（2019.03.01）」，https://xtech.nikkei.com/atcl/nxt/column/18/00601/00001/，閲覧日 2020 年 3 月 19 日

鎌倉市「SDGs 未来都市計画」，https://www.kantei.go.jp/jp/singi/tiiki/kankyo/teian/pdf/sdgs_h30kekaku_kamakuracity.pdf，閲覧日 2020 年 3 月 19 日

まちのコイン「鎌倉での実証実験について（2019/10/07）」，https://note.com/machino_coin/n/n5603db26a31b，閲覧日 2020 年 3 月 19 日

鎌倉資本主義を掲げるカヤックだからできたコミュニティ通貨「まちのコイン」，浸透する地域通貨のつくり方とは？（2020 年 2 月 4 日），https://www.asteria.com/jp/inlive/local/3649/，閲覧日 2020 年 3 月 19 日

鎌倉市（神奈川県）「パブリテックシティ」　地域バリューチェーン

外部力と内部力の新結合

地域固有の物語：Site Specific Storytelling
- 古都の風情と落ち着いた緑の多い住環境
- 都心から 50km，約 1 時間の地の利
- 高齢化率が高まりつつあり，また一定数の若年層が通勤困難等により転出していた

素材	加工・製造	販売サービス
・緑が多く住みやすい環境 ・IT 技術者などの移住が増え始めた ・市役所	・新規移住者が集い，情報交換しあえる場の創出 ・市役所にもテレワークなどの新施策導入	・NPO 法人カマコンによる「カマコンバレー」 ・「鎌倉リビングラボ」 ・「くらしの手続きガイド」の導入

地域の重層的リーダーシップ
- 「パブリテック」を掲げる，鎌倉市長の松尾崇氏と，その指示の下，施策を実行する市役所の職員［内部力（ジモティ）］
- 「鎌倉リビングラボ」に参画する，今泉台町内会や市民，NPO 法人タウンサポート鎌倉今泉台［内部力（ジモティ）］，および東京大学高齢社会総合研究機構や参加企業［外部力（ヨソモノ）］
- 鎌倉市に移住した新規住民のコミュニティ［外部力（ヨソモノ）が内部化］

地域コミットメント
- 「パブリテックシティ」として技術を活用したまちづくりを推進
- SDGs 未来都市として，持続可能なまちづくりの先進事例となるべく取り組みを推進

成果
- 鎌倉市役所のテレワーク実施は，2019 年 4・5 月で 30% 以上が在宅勤務を実施，2019 年 8 月に本格運用開始，40% 以上がモバイルワーク実施
- 2018 年に「くらしの手続きガイド」を導入，LINE からも利用可能
- 2018 年 7 月には「FabCity 宣言」
- カマコンバレーの月次定例などの影響もあり，ベンチャーエコシステムのまちとしての評判が定着
- リクルート社スーモ「住みたい街ランキング関東」で 13 位（2020 年）

HAFFPOST　2018 年 11 月 29 日掲載
https://www.huffingtonpost.jp/jpolicy/kamakura-mayer_a_23600736/
閲覧日：2021 年 2 月 7 日

9. 十日町市（新潟県）・津南町（新潟県中魚沼郡）「大地の芸術祭」

テーマ：「大地の芸術祭」～アートを活用して人間と自然の関わりを示し，地域再生の可能性を世界に発信～

基礎データ：新潟県十日町市，人口 51,882 人，世帯数 19,647（2020 年 2 月 29 日現在），高齢化率 36.00％（65 歳以上・2015 年）
新潟県中魚沼郡津南町，人口 9,389 人，世帯数 3,480，高齢化率 41.0374％（2020 年 2 月末現在）

日本有数の豪雪地帯であり山や川，棚田など美しい里山の景観を有する越後妻有地域は，人間と自然がどう関わっていくかという可能性を示すモデル地域となることを目指している．「大地の芸術祭」はその手段として大きな経済効果や交流人口増加をもたらしている．

事例の概要：

「大地の芸術祭 越後妻有アートトリエンナーレ」（以下，大地の芸術祭）は，日本有数の豪雪地帯である「越後妻有（えちごつまり）」エリアで，2000（平成 12）年から 3 年に一度，毎回約 50 日間にわたり開催されている，世界最大級の国際芸術祭である．アートによる地域づくりの先進事例として，国内外から注目を集めている．

越後妻有とは，新潟県南部に位置する十日町市と津南町の妻有郷からなり，信濃川中流域に開けた盆地を中心に栄えた地域を指す．日本海に流れ込む暖流による湿度と，北西の季節風が越後山脈にぶつかる地形により，冬場は 2 m

以上もの雪が積もる豪雪地帯である．面積は約 760 km^2 で東京 23 区の約 1.2 倍あるが，その 6 割以上が山林である．十日町市は人口の約 29.5% が農家で市総面積の 12.1% が田畑（2010 年），津南町は人口の約 49% が農家で町総面積の 17.8% が田畑（2010 年）となっている．約 1500 年もの間，人々が農業を営みながら暮らしてきた越後妻有には今も里山が多く残り，山や川，棚田などの美しい農山村の景観が広がっている．

「大地の芸術祭」は，新潟県出身で「瀬戸内国際芸術祭」のディレクターでもある北川フラム氏が総合ディレクターを務めている．北川フラム氏は 1946（昭和 21）年，新潟県高田市（現上越市）生まれで，東京芸術大学卒業後，アートディレクターとして様々な地域でアートイベントを実施している．いずれの地域でも，自然環境や文化，食などの地域資源を世界に発信することで地域再生のきっかけを作り出すことを目指している．

北川フラム氏がアートディレクターを務める地域のアートイベント
「ファーレ立川アート計画」（1994／日本都市計画学会計画設計賞他受賞）
「大地の芸術祭 越後妻有アートトリエンナーレ」（2000～／第 7 回オーライ！ニッポン大賞グランプリ〔内閣総理大臣賞〕他受賞）
「水都大阪」（2009）
「にいがた水と土の芸術祭 2009」
「瀬戸内国際芸術祭 2010，2013，2016」（海洋立国推進功労者表彰受賞）
「北アルプス国際芸術祭」（2017，2020）
「奥能登国際芸術祭」（2017，2020）　等

越後妻有地域では，人間と自然がどう関わっていくかという可能性を示すモデル地域となることを目指して地域づくりが進められている．1998（平成 10）年，新潟県が 6 つの広域行政圏を対象に開始した，新たな広域地域づくりを行う「ニューにいがた里創プラン」プロジェクトの一環として，越後妻有地域では「越後妻有アートネックレス整備事業」が開始された．「人間は自然に内包される」を基本理念とし，①交流人口の増加，②地域の情報発信，③地域の活性化の 3 つを目的として，次の 4 つの事業が行われている．「大地の芸術祭」は事業の柱の 1 つとして，3 年に一度の大祭として企画されたものである．

「十日町地域ニューにいがた里創プラン　越後妻有アートネックレス整備事業」プロジェクトを構成する4つの事業

1. ステキ発見事業（1998～1999年）……地域の魅力を再発見するために行われた写真と言葉のコンテスト

2. 花の道事業（1998～2003年）……花を使って広域を繋ぐ美しい交流ネットワークづくり．ポケットパークやサイン等を含め，総合的な景観形成と地域らしいインフラ整備を推進

3. ステージ整備事業（1998～2003年）……地域の特性を活かしたコミュニティの核であり，交流拠点ともなる自然体感型空間を整備．地域外の人々との協働と住民参加の場として位置づけられ，相互に施設機能を連携しあった施設群を建造

4. 大地の芸術祭事業（3年大祭：1回2000年，2回2003年，3回2006年）……公共工事など恒久的な事業と地域住民と協働者の活動の両面におけるアートネックレス整備事業の成果を，アーティストの助力を得ながら3年に一度公開し，広く周知するための国際展

2000（平成12）年以来，3年に1度実施されているが，来場者は回を重ねるごとに増加しており，直近の2018（平成30）年には54万人以上が訪れた．地域に経済効果や雇用・交流人口の拡大をもたらしている．

第4回からは，公益財団法人福武財団理事長・ベネッセコーポレーション会長（現在は，ベネッセホールディンクス名誉顧問）の福武總一郎氏が協賛しており，総合プロデューサーとして参画している．

「大地の芸術祭 越後妻有アートトリエンナーレ」の実施実績

第1回展（2000年7月20日～9月10日）
- 32カ国148組のアーティスト
- 来場者＝162,800人

第2回展（2003年7月20日～9月7日）
- 23カ国157組のアーティスト
- 来場者＝205,100人

第3回展（2006年7月23日～9月10日）
- 40の国と地域203組のアーティスト
- 来場者＝348,997人

第4回展（2009年7月26日～9月13日）
- 40の国と地域約350組のアーティスト
- 来場者＝375,311人

第5回展（2012年7月29日～9月17日）
- 44の国と地域310組のアーティスト
- 来場者＝488,848人

第6回展（2015年7月26日～9月13日）
- 35の国と地域363組のアーティスト
- 来場者＝510,690人

第7回展（2018年7月29日～9月17日）
- 44の国と地域355組のアーティスト
- 来場者＝548,380人

直近の2018年開催の「総括報告書」では，次のように成果をまとめている．

○2018年の夏は猛暑の影響により全国各地で観光客が減少したが，大地の芸術祭は過去最高の入込者数を記録した．交流人口の増加や越後妻有地域の情報発信の面から大きな成果を収めることができたと言える．

○大地の芸術祭作品としてリニューアルオープンした清津峡渓谷トンネルでは，会期中の入館者数が8万人を超え，爆発的な人気スポットとなった．アートが地域の潜在的な魅力を掘り起し，人々を呼び込む力を改めて強く示す結果となった．

○総合案内所やインフォメーションセンターの来訪者割合から算出すると海外からの来訪者は全体のおよそ13.3%となり，前回の約5%から大幅に増加した．また，資料編にある来訪者アンケートを見ると，海外からの来訪者の割合が8.7%であり，前回の1.8%を大きく上回った．中国で開催した企画発表会や香港国際空港でのPRをはじめ，海外メディアや旅行会社の招へい事業など，過去3年間で継続してきたインバウンド事業により，大地の芸術祭の認知度が向上したものと考えられる．

○同じく来訪者アンケートによると，大地の芸術祭に2回以上訪れたことがあるリピーターの割合が前回を上回っている．大地の芸術祭をきっかけに当地域の魅力を知り，ファンとなって繰り返し訪れる交流人口が着実に増加している．

（引用元：大地の芸術祭　越後妻有アートトリエンナーレ2018　総括報告書（2019年3月，大地

郵便はがき

恐縮ですが
切手をお貼
りください

112-0005

東京都文京区
水道二丁目一番一号

勁草書房
愛読者カード係行

（弊社へのご意見・ご要望などお知らせください）

・本カードをお送りいただいた方に「総合図書目録」をお送りいたします。
・HP を開いております。ご利用ください。http://www.keisoshobo.co.jp
・裏面の「書籍注文書」を弊社刊行図書のご注文にご利用ください。ご指定の書店様に至急お送り致します。書店様から入荷のご連絡を差し上げますので、連絡先（ご住所・お電話番号）を明記してください。
・代金引換えの宅配便でお届けする方法もございます。代金は現品と引換えにお支払いください。送料は全国一律100円（ただし書籍代金の合計額（税込）が1,000円以上で無料）になります。別途手数料が一回のご注文につき一律200円かかります（2013年7月改訂）。

愛読者カード

50485-5　C3034

本書名　地域バリューチェーン

お名前《ふりがな》　　　　　　　　　　　　　　（　　　歳）

ご職業

ご住所　〒　　　　　　　　　　　お電話（　　　）　　－

本書を何でお知りになりましたか
書店店頭（　　　　　　書店）／新聞広告（　　　　　　新聞）
目録、書評、チラシ、HP、その他（　　　　　　　　　　　）

本書についてご意見・ご感想をお聞かせください。なお、一部を HP をはじめ広告媒体に掲載させていただくことがございます。ご了承ください。

◇書籍注文書◇

最寄りご指定書店

市　　町（区）

書店

（書名）	¥	（　　）	部
（書名）	¥	（　　）	部
（書名）	¥	（　　）	部
（書名）	¥	（　　）	部

の芸術祭実行委員会））

大地の芸術祭は，瀬戸内国際芸術祭と同様に，ボランティアサポーターを募集している．「こへび隊」と名付けられたボランティア部隊は，「地元サポーター」とは別に募集されているもので，「世代・ジャンル・地域を越えた」自主的な組織である．首都圏を中心に，海外も含む地域の外から登録者を募っており，2018（平成30）年の開催まで約2,000名超が登録した実績をもつ．「こへび隊」という名前とマークは，蛇は妻有で神聖な生き物とされており，脱皮しながら大きくなる様子を，こへび隊が成長する姿に重ねて付けられたという．また，「こへび隊」以外にも，地域外からの支援を得る窓口や手段として，「まつだい棚田バンク」，「古民家オーナー」，「ふるさと納税」などが展開されている．「まつだい棚田バンク」は，棚田を守るために農作業に参加し，配当として米を受け取れるというものである．十日町市の「ふるさと納税」は「大地の芸術祭の開催や作品管理」に寄附をする内容となっている．大地の芸術祭を訪れた域外の人を中心に，長期的な関係性を築きながら，交流人口を増やす試みが行われている．

出所：

「十日町市の住民基本台帳人口（令和2年2月29日現在）」，http://www.city.tokamachi.lg.jp/shisei_machidukuri/F100/F101/1454068621571.html，閲覧日 2020年3月16日

新潟県十日町市，JMAP 地域医療情報システム（日本医師会），http://jmap.jp/cities/detail/city/15210，閲覧日 2020年3月16日

「津南町年齢別住民基本台帳人口　令和2年2月末」，https://www.town.tsunan.niigata.jp/uploaded/attachment/3058.pdf（年齢別人口・高齢化率），https://www.town.tsunan.niigata.jp/uploaded/attachment/3057.pdf（地区別人口・世帯数），閲覧日 2020年3月16日

アートフロントギャラリー「北川フラム」，https://www.artfront.co.jp/jp/fram-kitagawa/，閲覧日 2020年3月16日

北アルプス国際芸術祭 2020，https://shinano-omachi.jp/，閲覧日 2020年3月16日

奥能登国際芸術祭，https://oku-noto.jp/，閲覧日 2020年3月16日

新潟県「越後妻有とは」，https://www.pref.niigata.lg.jp/sec/minamiuonuma_kenkou/1356900127997.html，閲覧日 2020年3月16日

渡辺正範（新潟県十日町市産業観光部部長）「大地の芸術祭　越後妻有アートトリエンナー

レ」『国際文化研修 2017 冬』vol. 94，https://www.jiam.jp/journal/pdf/v94/94-02-02.pdf，閲覧日 2020 年 3 月 16 日

北川フラム（アートディレクター）「僕が越後妻有で大地の芸術祭を始めたワケ 地域を元気にするとはどういうことかを考え抜いた末に生まれた 3 年に一度の「祭り」（2018 年 9 月 2 日）」『論 座』，https://webronza.asahi.com/culture/articles/2018081700005.html，閲覧日 2020 年 3 月 16 日

こへび隊とは，http://kohebi.jp/ideal/，閲覧日 2020 年 3 月 16 日

十日町観光サイト「とおかまち日和 今までの大地の芸術祭の記録の紹介（更新日令和元年 5 月 7 日） 総 括 報 告 書」，http://www.city.tokamachi.lg.jp/kanko/K001/K005/1454068600343.html，閲覧日 2020 年 3 月 16 日

十日町市（新潟県）・津南町（新潟県中魚沼郡）「大地の芸術祭」地域バリューチェーン

外部力と内部力の新結合

地域固有の物語：Site Specific Storytelling
- 越後妻有は面積の 6 割が山林，面積の 1 割以上が田畑という，今も里山が多く残る農山村地域
- 過疎高齢化による集落の消滅や，かつての絹織物産業な大幅に縮小，減反政策で地域力が失われ瀕死の状態に陥っていた

素材
- 約 1500 年もの間変わらない，里山や農山村などの日本の原風景ともいうべき景観

加工・製造
- アートで人を呼ぶ
- 地域の高齢者や住民にとっては「祭り」，アート作品の制作を手伝うなどして参画

販売サービス
- 会期中全ての作品を鑑賞できるパスポート
- 滞在中パスポート提示で温泉や宿泊施設，イベントなどの優待

地域の重層的リーダーシップ
- 新潟県主導の「ニューにいがた里創プラン」およびその一部としての「越後妻有アートネックレス整備事業」（1998 年〜）［内部力（ジモティ）］
- アートによる地域づくりを進めてきた，北川フラム氏（総合ディレクター）によるディレクション（1996 年〜）［外部力（ヨソモノ）］
- 第 4 回からは，公益財団法人福武財団理事長の福武總一郎氏が協賛，および総合プロデューサーとして参画（2009 年〜）［外部力（ヨソモノ）］
- リピーターも多い，こへび隊や地元サポーターの力［外部力（ヨソモノ）］

地域コミットメント
- 基本理念は「人間は自然に内包される」，人間と自然がどう関わっていくかという可能性を示すモデル地域でアートによる地域づくりの先進事例
- ①交流人口の増加，②地域の情報発信，③地域の活性化の 3 つの目的

成果
- 来場者は回ごとに増加し，地域への交流人口が増加
- 前回 2018 年の来場者は 548,380 人となり，前々回展の 510,690 人を約 37,700 人上回る，来場者の居住地域は，県内 28.9%，県外の国内 56.5%，海外 8.7%（不明 5.9%）

十日町産業文化発信館いこて（左），草間彌生作品「花咲ける妻有」（右）
ECHIGO-TSUMARI ART FIELD, https://www.echigo-tsumari.jp/art/artwork/tokamachi_industry_and_crafts_center_ikote/
ECHIGO-TSUMARI ART FIELD, https://www.echigo-tsumari.jp/art/artwork/tsumari_in_bloom/
閲覧日：2021 年 5 月 3 日

10. シェア金沢（石川県金沢市）「ごちゃまぜのまち」

テーマ：「ごちゃまぜのまち」～高齢者，障害者，若者，外来者が違いに認め合い共生する日本版 CCRC～

基礎データ：石川県金沢市，人口 463,056 人（2020 年 3 月 1 日現在）

シェア金沢では，「住民自治」をキーワードに，高齢者，障がい者，学生などさまざまな居住者がそれぞれの役割を持ってコミュニティに貢献し，助け合いながら暮らしている．高齢者の相互扶助による居住コミュニティ「日本版 CCRC」構想の成功事例として注目を集めている．

事例の概要：

佛子園は石川県白山市に本部を置く社会福祉法人で，1960（昭和 35）年に行善寺（ぎょうぜんじ）の住職だった雄谷本英（おおや　ほんえい）氏が立ち上げた．後のグループホームの先駆けとなる，職員・入居者居住型の知的障害児施設を開設したことから始まり，以来，障害者支援施設，福祉・就労施設，グループホームなどを多数立ち上げ運営している．現在の理事長は，雄谷本英氏の孫にあたる雄谷良成（おおや　りょうせい）氏である．

現在，福祉就労施設としては，「B's」「行善寺」「Share 金沢」「輪島 KA-BULET®」「星が岡牧場」「日本海倶楽部」「三草二木 西圓寺」「エイブルベランダ Be」「キッズベランダ Be」「S ベランダ」「ひげ張魯肉飯」「町家サロンむじん蔵」「美川 37Work」「松任 23Work」のブランドを展開している．また，飲食・温泉行としては「日本海倶楽部」「ひげ張魯肉飯」「町家サロンむじん蔵」「天然温泉 西圓寺温泉」「天然温泉 行善寺温泉」「天然温泉 Share 金沢」「丹 COFFEE」「美 川 37Cafe」「松 任 23Cafe」「GOTCHA!WELLNESS」「KATO KITCHEN STUDIO」「883CAFE」「B's Flower」「B's Clinic」の事業を行っている．さらに，宅配・グリル事業として「グリル星が岡」「B's Grill」「日本海倶楽部デリバリー」「S-Grill」を展開している．

グループホームのみならず，障がい者雇用を生み出す施設運営や飲食店経営など，さまざまな新しい取り組みを行っている佛子園であるが，特に，「日本版 CCRC」のモデルとして全国から注目を集めたのが，「Share 金沢（シェアかなざわ）」である．白山市にあった同法人の障害者グループホームの移転先として，2005（平成 17）年に閉鎖した国立病院機構金沢若松病院の跡地に設置された．CCRC（Continuing Care Retirement Community）とは，高齢者が介護などのサービスの受け手となるのではなく，自ら役割を持って助け合いながら暮らす生活共同体のことで，1970 年代にアメリカで生まれた概念である．少子高齢化が深刻視されている日本では，首都圏などに住む高齢者が暮らしやすく医療体制が整った地方などへ移住し，健康を保ちながら地域住民や多世代と交流しながら健康でアクティブな生活を送るモデルとして期待されている．

シェア金沢は，金沢駅から約 6 km の距離に位置する，東京ドームおよそ 4 分の 3 個分の国立病院跡地に，障がい者の入所施設，高齢者住宅，学生向け住宅のほか，温泉，レストラン，配食サービスの事業所，高齢者向けのデイサービス，学童保育，スポーツ施設や音楽施設などを擁している．高齢者，障害者，学生，子どもたちなどさまざまな人が共に住むことのできるまちである．敷地内には，温泉施設，レストラン，アルパカ牧場，ドッグラン，キッチンスタジオ，コインランドリーなどがあり，外部に住む人も利用できるため，内外の交流も促進されている．佛子園では，1965（昭和 40）年に設立した白山市内の知的障がい児入所施設の移転を検討しているなかで，病院の跡地だった金沢市内の土地を入札で取得し，シェア金沢を建設した．その際，雄谷良成理事長を中心に，それまでさまざまな施設を運営してきた経験を活かすため，佛子園のスタッフ一同でアイデア出しを行い，事業構想を作り上げた．新たに開設する施設において取り組むべき課題として，「障がい者が日常として地域に受け入れられていないこと」をあげ，目指すべきまちの姿として，障がい者，高齢者，学生等が共存する，住民自治の『ごちゃまぜのまち』というまちのコンセプトを設定し，「住民の交流」を促すまちづくりを目指した．

シェア金沢の基本情報
所在地：石川県金沢市若松町セ104番地1
敷地面積：約33,000 m^2
総戸数：サービス付き高齢者向け住宅6建物32戸，
学生住宅8戸（うちアトリエ付き2戸），
児童入所施設（3建物4ユニット）
運営開始：2014年3月末
運営主体：社会福祉法人佛子園

シェア金沢の中では，居住者がそれぞれの役割を持っている．通常であれば，ケアを受ける主体としてとらえられがちな高齢者や障がい者も，支援を提供する主体と位置付けている．まちが高齢者や障がい者を含む住民の個性や主体性を尊重し，住民同士が互いを認め合い尊重しながら住まうことで，すべての住民が主体的に参加するまちづくりを促進している．たとえば，敷地内にはアルパカが飼われており，障がい者の住民はアルパカの散歩係の役割を果たしている．アルパカを連れて敷地内を散歩することにより，通行者との自然な交流が生まれる仕掛けである．学生は，月30時間のボランティア活動を行うことで，月額約3万円という格安の家賃で学生向け住戸に居住することができる．ボランティアといっても，仕事というよりは高齢者への声掛けや手助けをすることが主眼で，これも多世代間の交流を促す手段となっている．高齢者も各々，経験や身体状況などを考慮した上で，事務作業や農作業など，できることを仕事として敷地内で受け持っている．高齢者は元気なときは働くが，ケアを必要とする状態となったときは，提携する医療機関や，併設の介護施設などを利用することができる．

雄谷良成氏が目指すコミュニティづくりのキーワードの1つが「住民自治」である．雄谷氏は1986（昭和61）年から約2年間，青年海外協力隊に参加し，ドミニカ共和国の特別支援学校で障がい者教育の指導者育成を経験している．そのときの経験が佛子園を通したコミュニティづくりの原点になったと述べている．当時，社会保障制度がまったく整備されていなかったドミニカ共和国では，隣近所の人と人のつながりがとても強く，互いに助け合って暮らしていたという．「協力隊の経験から，プロジェクトを成功させるためには，現地の人々が自ら考え動き出すまで，忍耐をもって待つことがいかに重要かを学びました．効率ばかりを考えて，何でもこちらから手を出し，口を出してやってしまっては，プロジェクトの成果は持続しません」（大谷氏）．このときの経験から，シェア金沢のプロジェクトは，「PCM（Project Cycle Management，住民参加型開発援助）」という，JICA などが開発援助の現場で計画やモニタリング，評価を行うために用いる開発援助手法を活用して進められた．

最後に，事業性評価であるが，「一般社団法人北海道総合研究調査会　平成30年度 老人保健事業推進費等補助金　老人保健健康増進等事業　アクティブな高齢者等の移住・活躍に関する調査研究　報告書（平成31年3月31日）」によると次の通りである．

- 「シェア金沢」における制度事業の全体収益約4億3千万円のうち，「障がい福祉サービス等事業」約48%，「就労支援事業」約33%，「児童福祉事業」約15%，「介護保険事業」約4%となっている．
- 平成29年度の人件費は約1億5,982万円で，支出（費用）に占める割合は約34%
- 平成29年度の減価償却累計額は約4億2,708万円で，施設整備が単年度収益を圧迫しているが，毎年の減価償却に見合う積立金を持っていることから繰越（累積）は黒字となっている．

（出所：「一般社団法人北海道総合研究調査会　平成30年度 老人保健事業推進費等補助金　老人保健健康増進等事業　アクティブな高齢者等の移住・活躍に関する調査研究　報告書（平成31年3月31日）」）

出所：

金沢市公式ホームページ「人口・世帯数（毎月更新）」，https://www4.city.kanazawa.lg.jp/11018/toukeidatasyu/jinnkousetaisu.html，閲覧日 2020年3月15日

YouTube 佛子園の歩み（2016/10/11），https://www.youtube.com/watch?v=VycNz77oIms，閲覧日 2020年3月15日

佛子園「施設一覧＆MAP」，http://www.bussien.com/info/f_maps.html，閲覧日 2020年

3月15日

社会福祉法人佛子園理事長雄谷良成「日本版CCRCで描く地方創生」（平成27年7月22日），https://www.kantei.go.jp/jp/singi/sousei/meeting/ccrc/h27-07-22-siryou5.pdf，閲覧日2020年3月15日

内閣官房まち・ひと・しごと創生本部事務局（委託先：（株）野村総合研究所）「「生涯活躍のまち」に関する取組事例集」（平成29年3月），https://www.kantei.go.jp/jp/singi/sousei/about/ccrc/jireishu.pdf，閲覧日2020年3月15日

JICA海外協力隊「JICAボランティア事業の概要　知られざるストーリー23　金沢から全国に広がるごちゃまぜ共生コミュニティ」，https://www.jica.go.jp/volunteer/outline/story/23/index.html，閲覧日2020年3月15日

（以下は参考資料）

松田智生「日本版CCRCの可能性〜地方創生を支える組合せ型ビジネス」『日本不動産学会誌』第29巻第2号，2015年9月，https://www.jstage.jst.go.jp/article/jares/29/2/29_80/_pdf/-char/en，閲覧日2020年3月15日

松井孝太「米国CCRCと「日本版CCRC」構想」『平成27年度杏林大学杏林CCRC研究所紀要』，https://www.kyorin-u.ac.jp/univ/society/area2/labo/pdf/h27_index.pdf，http://www.kyorin-u.ac.jp/univ/society/area2/labo/pdf/h27ccrc_34.pdf，閲覧日2020年3月15日

株式会社三菱総合研究所「日本版CCRCによるまちづくり（長崎県佐々町　まち・ひと・しごと総合戦略策定推進会議　【第4回会議関係】 4会議資料：CCRC三菱総研説明資料・日本版CCRCによるまちづくり講演記録（三菱総研））（2015年10月23日）」，https://www.sazacho-nagasaki.jp/kiji0031874/index.html，https://www.sazacho-nagasaki.jp/kiji0031874/3_1874_15_162_188_5830_up_WZYWXKRX.pdf，閲覧日2020年3月15日

一般社団法人北海道総合研究調査会「平成30年度老人保健事業推進費等補助金　老人保健健康増進等事業　アクティブな高齢者等の移住・活躍に関する調査研究―「生涯活躍のまち」ネクストステージに向けて―報告書（平成31年3月31日）」，http://www.hit-north.or.jp/houkokusyo/2018next.pdf，閲覧日2020年3月15日

シェア金沢（石川県金沢市）「ごちゃまぜのまち」　地域バリューチェーン

外部力と内部力の新結合

地域固有の物語：Site Specific Storytelling
- 社会福祉法人佛子園は 1960（昭和 35）年来，多数の障がい者グループホームなどを立ち上げ，運営してきた
- 障がい者が日常として地域に受け入れられていないという課題
- 障がい者の就労先として事業を創造したことが，地域おこしにもつながり，障がい者に限らない雇用の受け皿に

素材	加工・製造	販売サービス
・入札で入手した金沢市内の病院跡地 ・障がい者や転居希望高齢者，家賃を抑えたい学生など	・佛子園でさまざまな事業に携わってきたスタッフが総出で事業構想 ・居住者がそれぞれ役割をもてるまちづくり	・温泉施設など住民以外にもサービス提供し内外交流を促進

地域の重層的リーダーシップ
- 行善寺の住職雄谷本英氏（故人）が社会福祉法人佛子園を立ち上げ
- シェア金沢の事業構想における現・佛子園理事長の雄谷良成氏は「住民自治」の実現を目指し，PCM 手法などを活用［内部力（ジモティ）］
- 住民自身も各々が役割をもち，多様性を認め合いながら自治を推進

地域コミットメント
- 「ごちゃまぜのまち」のコンセプト通りに，高齢者，障がい者，若者などが各々の役割を持って助け合いながら共生するコミュニティ
- 高齢者が地方移住して生涯現役で支え合いながら居住する「日本版 CCRC」の先駆けとしても注目されている

成果
- 「シェア金沢」における制度事業の全体収益約 4 億 3 千万円のうち，「障がい福祉サービス等事業」約 48%，「就労支援事業」約 33%，「児童福祉事業」約 15%，「介護保険事業」約 4% となっている
- テレビ番組の「カンブリア宮殿」や各種新聞などのメディアに取り上げられたこともあり，視察者が後を絶たない

Share 金沢公式サイト
http://share-kanazawa.com/town/index.html
閲覧日：2021 年 2 月 7 日

11. 鯖江市（福井県）「めがねのまち」

テーマ：「めがねのまち」～めがね産業で培った進取の気性で市民や若者の自治やアイデアを活用したまちづくり～

基礎データ：人口69,350人，世帯数24,621（2020年2月1日現在），高齢化率26.69%（2019年度4月1日現在）

明治時代に外来の眼鏡産業をもち込んで育成し，「めがねのまち」として揺るぎない地位を築いた鯖江は，近年では若者などのアイデアを活用し，「市民主役事業」を推進している．また，オープンデータなどのITを活用し社会課題解決に取り組むことで，まちを活性化し続けている．

事例の概要：

鯖江市は「めがねのまち」として全国にその名が知られており，国内の約96%，世界でも約20%のメガネフレームが鯖江産であるといわれている．鯖江でめがねづくりが始まったのは1905（明治38）年．鯖江は農業だけの雪深い地域で，地元の豪農であった増永五左衛門が，村の発展と村民の収入増加のために，何か新しい産業を作ろうとしてめがねづくりを始めたものである．増永五左衛門は村会議員などを務めながら村の発展に尽力した．当初は「羽二重」（織物）に着目し，1887（明治20）年，桐生から技術者を招聘してその生産を始めた．一時期は足利・桐生を凌ぐまでに成長したが，折悪く1900（明治33）年恐慌が発生し，織物業界や銀行は打撃を受け，織物産業は衰退した．その後に，増永五左衛門が目をつけたのが，眼鏡枠の製造である．1904（明治

37）年暮れ，大阪に出ていた10歳下の弟幸八が，眼鏡枠製造の情報をもたらしたことから，大阪から米田与八ら3名の職人を招き，眼鏡枠製造の事業を開始した．翌1906（明治39）年には，名工といわれた豊島松太郎を大阪から招聘し，高級な「銀縁枠」や「赤銅枠」の技術伝授を受けた．当初は苦難の連続で，生産体制が軌道に乗ったのは3年後の1908（明治41）年頃といわれている．鯖江にめがね産業を創り上げた増永五左衛門は，「国産めがねの祖」と呼ばれている．主に農家が副業として技術を磨き，次第に専門の製造者がパーツごとに分業するようになったことで，福井・鯖江のまち全体が，1つの大きな工場としてめがねづくりを行うようになった．終戦後，めがねの需要はさらに高まり，セルロイドフレームやサングラスが作られるようになる．また，数多くのめがねづくりのブランドが生まれた．1983（昭和58）年には世界で初めて，軽く丈夫で金属アレルギーを起こさないチタン製めがねを開発したことで，国際的にもめがね産地としてのブランドを築き上げることとなった．

たとえばブランドの1つが「金子眼鏡」で，1958（昭和33）年に福井県鯖江市で眼鏡卸商として創業した．鯖江の眼鏡作りはパーツごとの職人により分業体制で作られるが，金子眼鏡では，業界内ではほぼ不可能とまでいわれてきた，生産から販売までを自社で一貫して行うサプライチェーンマネジメントを行っている．2006（平成18）年に自社一貫生産を行うため，ファクトリー，バックステージを設立し，熟練職人たちがハンドメイドで作っている．ファッション業界などでも金子眼鏡は人気を博しており，全国の約60店舗のほか，1998（平成10）年にはミラノのミドやパリのシルモといった世界的に知られる眼鏡展へ参加して世界にその名を広め，2000（平成12）年にはニューヨークにも直営店をオープンさせている．金子眼鏡代表取締役の金子真也氏は，「刻んだ歴史に学びつつ，地方として産地としてダイナミックにいろいろなことをやっていくべきで，地場産業にはオピニオンリーダーが必要だと思う」と述べている．

鯖江市には，めがねの他にも，繊維，漆器などの特産工芸品があるが，最近ではより鯖江を有名にしているのが，「若い力の活用」である．鯖江市では，「自分たちのまちは自分たちがつくる．」というスローガンを掲げて，市民主役のまちづくりを進めている．2010（平成22）年4月1日には市民主役条例を施行し，2011（平成23）年度からは，提案型市民主役事業化制度を実施している．

市が行っている公共的な事業の中から，市民団体等が「新しい公共」の担い手として行った方がよい事業を「市民主役事業」として創出することで，公共における民間と行政との役割分担を見直し，市民の自治力を高めることを目的としている．提案型市民主役事業化の公募以外にも，「地域活性化プランコンテスト」や「JK 課」など，市民などからのボトムアップの提案を市政に生かす取り組みを行っている．

「JK 課」とは，鯖江市が 2014（平成 26）年にスタートさせた実験的な市民協働推進プロジェクトで，地元の JK（女子高生）たちが中心となり，自由にアイディアを出して企画や活動を行っている（正規の行政組織ではなく仮想的な課名を模したプロジェクト名）．JK 課の取り組みは，総務省「ふるさとづくり大賞」の総務大臣賞を受賞している．JK 課の仕掛け人は，テレビのコメンテーターなどとしても活躍する，若新雄純氏（慶應義塾大学大学院政策・メディア研究科特任助教）である．若新氏の「JK 課」の提案に対し，市議会や行政職員の多くは当初否定的だったという．それでも「JK 課」が実現に至ったのは，鯖江市の牧野百男市長（当時）のトップダウンの采配によるところが大きいと，若新氏は述べている．多くの地域は，「市民が主役」といいながらも，実際に主役を任せられていない．「JK 課」では女子高生が自分たちでやりたいことを考え，決定して活動する．市役所や企業や関係組織がそれを支援する．多くの人は，未成年を集めて何かをする場合，大人が枠組みを与えるべきだと思い込んでいるが，それでは女子高生をやる気にさせ，成果を出すのは難しい．大人が成果を評価しないことが成果を生むと，若新氏は語っている．

「地域活性化プランコンテスト」は，「市長をやりませんか？」をキャッチフレーズに，大学生・高校生を対象に，すでに 11 回にわたり行われているアイデアプランコンテストである．大学のないまちである鯖江に，選考を通過した 24 名（3 人 1 チーム×8 チーム）の全国の学生が鯖江に集まり，2 泊 3 日で合宿を行う．市長からの講義受講や市内の調査などを行いながら鯖江を良くするためのプランを考え，合宿最終日に市長，商工会議所会頭，企業，市民の前で発表し，優れたアイデアが表彰される．過去のプランのなかには実現したアイデアが多数あり，鯖江の活性化に貢献している．「地域活性化プランコンテスト」は学生団体 with が主催しており，地元の NPO 法人エル・コミュニティと，東京都のNPO法人イドバタが共催している．

鯖江市を語るうえでのもう１つのキーワードが「データシティさばえ」である．めがねやJK課で有名になった鯖江市であるが，オープンデータなどのITの活用をもう１つの産業にしたいと取り組んでいる．2016（平成28）年から経済産業省が，地域におけるIoTプロジェクト創出の取り組みを選定する「地方版IoT推進ラボ」にも鯖江市は選ばれている．オープンデータを活用したアプリコンテストを行うなど，市民によるオープンデータの活用推進を図っている．バスの乗客データや河川の水位などのデータを活用するアプリなどが公開されており，オープンデータを活用した民間作成アプリは120種類以上に上る．

他にも，鯖江市では，地下アイドル「仮面女子」とコラボして，イベントに出演したり，鯖江市を全国にPRしてもらうといった取り組みや，さまざまな大学との連携や協定を締結して，AIやVRなどの戦略的なIT分野にも関わる様々な研究活動を行っている．また，全国の地域のクラウドファンディングプログラムを行うFAAVO（2021年にCAMPFIREに統合）にも参画し，2014（平成26）年には全国で初めて，行政が主体となって，「FAAVOさばえ」が開設されている．めがねや繊維，漆器の三大地場産業で培ってきたものづくりの気質を生かし，市民の提案によるまちづくりを推進するための資金確保の手段として，クラウドファンディングを利用している．FAAVOさばえでは，鯖江市がエリアオーナーとなり，福井銀行，福井信用金庫，福邦銀行も運営に協力している．

出所：

鯖江市の現在の人口（最終更新日：2020年2月26日），https://www.city.sabae.fukui.jp/about_city/tokeijoho/sabae-jinko.html，閲覧日2020年3月15日

鯖江市の高齢者人口の推移（最終更新日：2019年10月3日），https://www.city.sabae.fukui.jp/kenko_fukushi/koreishafukushi/koureisya/koureijinnkousuii.html，閲覧日2020年3月15日

めがねミュージアム，https://www.megane.gr.jp/museum/，閲覧日2020年3月15日

TASCLAP（タスクラップ）「金子眼鏡の魅力とは？ 日本の意匠を楽しめるアイウェアをピックアップ（2019.07.31）」，https://mens.tasclap.jp/a1847，閲覧日2020年3月15日

日本M&Aセンター「M&A成功事例集　眼鏡産地・福井県鯖江市と自社の存続　自力では

持ちえない機能を獲得したM&A」，https://www.nihon-ma.co.jp/page/interview/kanekooptical/，閲覧日2020年3月15日

市民主役のまちづくり（最終更新日2019年10月23日），https://www.city.sabae.fukui.jp/about_city/shiminkyodo/chiikikatsudo/shiminshuyakujigyo/TeianShiminJigyo.html，閲覧日2020年3月15日

地域活性化プランコンテスト，https://sabae-plancontest.jp/support，閲覧日2020年3月15日

NPO法人エル・コミュニティ竹部美樹「市民が主役のまち　さばえ（H28–02–07）」まち・ひと・しごと創生本部会合「地域しごと創生会議　事例発表（平成28月2月7日）」，https://www.kantei.go.jp/jp/singi/sousei/meeting/chiiki_shigoto/h28-02-07-siryou3-6.pdf，https://www.kantei.go.jp/jp/singi/sousei/meeting/chiiki_shigoto/h28-02-07.html，閲覧日2020年3月15日

鯖江市役所JK課，http://sabae-jk.jp/，閲覧日2020年3月15日

若新雄純（慶應義塾大学大学院政策・メディア研究科特任助教）「鯖江市「JK課」「ゆるい移住」 地域を変える「ゆるさ」の革命」『事業構想』2016年5月号，https://www.projectdesign.jp/201605/pn-fukui/002868.php，閲覧日2020年3月15日

経済産業省「独立行政法人IPA　地方版IoT推進ラボ」，https://local-iot-lab.ipa.go.jp/about_iotlab.html，閲覧日2020年3月15日

データシティさばえ，http://data.city.sabae.lg.jp，閲覧日2020年3月15日

大河原克行「4番目の産業に -- オープンデータ活用，ITでも街づくり目指す福井県鯖江市（2016–02–15）」，https://japan.zdnet.com/article/35077894/，閲覧日2020年3月15日

福井県鯖江市政策経営部財務政策課参事・GL今川泰夫「「FAAVOさばえの取組み」について—鯖江市のクラウドファンディング参入による地域課題解決—」，https://www.fujitsu.com/jp/group/fri/imagesgig5/20170911er-workshop-imagawa.pdf，閲覧日2020年3月15日

鯖江市（福井県）「めがねのまち」　地域バリューチェーン

外部力と内部力の新結合

地域固有の物語：Site Specific Storytelling
- 鯖江は「めがねのまち」として全国に有名であるが，元は農業中心の貧しい村で，眼鏡産業は明治時代に試行錯誤の末，創業されたもの

素材
- 元の主要産業農業
- 明治時代から開始された，めがね産業

加工・製造
- 一流の職人を招聘
- 軽く丈夫で金属アレルギーを起こさないチタン製めがねの開発
- オープンデータなどITの活用

販売サービス
- 「金子眼鏡」などのブランドが確立（金子眼鏡は自社一貫生産）
- クラウドファンディングによる事業資金の確保

地域の重層的リーダーシップ
- 「国産めがねの祖」増永五左衛門が，貧しい村に産業を作ろうと眼鏡職人を招聘し農家の副業づくりを指導［内部力（ジモティ）］
- 牧野百男市長の柔軟性やリーダーシップ［内部力（ジモティ）］
- 市民提案が受け入れられる素地があるため，市民が活発に提案・行動
- 鯖江市の学生団体 with や NPO 法人エル・コミュニティ［内部力（ジモティ）］
- 「JK 課」仕掛人の若新雄純氏は，女子高生が自分たちでやりたいことを考えることが重要という考え［外部力（ヨソモノ）］

地域コミットメント
- 「自分たちのまちは自分たちがつくる.」の理念の下，提案型市民主役事業や「地域活性化プランコンテスト」，「JK 課」など次々と新しい取り組みを実施
- 「データシティさばえ」を目指し，オープンデータの活用などを進める

成果
- 国内の約96%，世界の約20%のメガネフレームが鯖江産といわれるほどの一大産業に成長
- 金子眼鏡などの鯖江の眼鏡ブランドが世界に通用するブランドになった
- めがね産業や新しい取り組みに惹きつけられて若い人が市外や県外から参入や移住してくるように

鯖江市観光協会
https://www.city.sabae.fukui.jp/kanko/feature/megane/city.html
閲覧日：2021 年 2 月 6 日

12. 北杜市（山梨県）「月見里県　星見里市」

テーマ：「月見里県　星見里市」～手厚い移住促進策，農業参入企業誘致と，北杜市フードバレーの形成～

基礎データ：人口 46,534 人，世帯数 21,370（2020 年 3 月 1 日現在），高齢化率 36.50%（65 歳以上・2015 年）

自然豊かでありながら中山間地域と里山地域が隣接する北杜市には近年，30 歳代を中心とした移住者が増えている．豊かな水資源を活用した米や果樹などの農業が盛んで，農と食を軸としたまちづくりに取り組んでいる．首都圏企業の CSR 活動を当地に受け入れることにより交流人口増加につなげている点も注目される．

事例の概要：

北杜市は 2018（平成 30）年，宝島社が発行する月刊誌『田舎暮らしの本』で 2013（平成 25）年から毎年発表されている「住みたい田舎ベストランキング」において，「小さなまち」部門（人口 10 万人未満）の総合 1 位となったこともあり，移住希望者や自治体の注目を集めている．北杜市では 2015（平成 27）年度より，「若者応援プロジェクト」など若者や子育て世代の支援や移住を促す総合戦略に取り組み，移住希望者の就労支援も積極的に行ってきた結果，30 歳代の移住が最多となった．翌 2019（令和元）年はランキング 3 位に入らなかったが，2020（令和 2）年のランキングでは再び総合 2 位にランクインしている．実際に，2016（平成 28）年 1,396 人，2017（平成 29）年 854 人，2018

（平成30）年768人が北杜市に移住している．

北杜市は山梨県の北西端，長野県と接する場所に位置する．自然豊かでありながら，首都圏から車で2時間，中京圏から2時間半程度とアクセスが良いことから，観光客も多い．平成の大合併で8町村が合併して誕生し，東京23区に相当する面積を有しており，長坂，清里，小淵沢等の住宅地や観光地が所在する市街地ゾーンを取り囲むように，森林や牧草地や別荘地などが所在する中山間地ゾーンと，農地や工業・商業用地と住宅が並存する里地・里山ゾーンが存在している．八ケ岳や甲斐駒ケ岳などの山々に囲まれ，南には富士山を望むことができ，美しい山の景色が見られる．北杜市を含む3県10市町村にまたがる南アルプス地域は2014（平成26）年に，「南アルプスユネスコエコパーク」として登録されている．

北杜市が誇る自然資源の1つは「水」で，市内の尾白川渓谷，三分一湧水，金峰山・瑞牆山源流の3か所が日本名水百選に選ばれている．また，ミネラルウォーターの生産量日本一を誇っている．2つめは「日照時間」で，日本の平均日照時間は年間約2,000時間のところ，北杜市は年2,500時間を超えており，日照時間日本一を誇っている．さらに，肥沃な大地，標高差による気温差，首都圏からの距離の近さなどの自然条件・地理的条件から，北杜市ではさくらんぼなどの果樹や米などの栽培や畜産業が盛んに行われている．地域で栽培される梨北米（武川米）（りほくまい・むかわまい）は，日本穀物検定協会主催の食味ラインキングで，4年連続で特Aランクを獲得しており，2008（平成20）年度は「日本一おいしいお米」の称号も得ている．

2014（平成26）年11月1日，北杜市は市政10周年記念式典において，「安全・安心　日本の台所　北杜市」宣言を行った．合わせて宣言を具現化するため，「北杜市フードバレー協議会」が設立された．北杜市では従来から農業分野への参入が盛んで，6次産業化，農業系廃棄物のカスケード利用，連携運送など物流効率化，イベント開催などの独自の取り組みが立ち上がりつつあった．また，水田農業のための従来からある集落営農組織や，野菜の有機栽培に挑戦する多くの新規就農者や参入企業も現れつつあった．これらの動きを「北杜市フードバレー」のコンセプトの下にとりまとめ，促進を図っていこうという意図である．宣言の「台所」という言葉に込めた思いについて，北杜市役所企画部部長・濱井和博氏（当時）は次のように書いている．

「台所」に込めた思いです．諸説ありますが，人類の祖先が激しい気候変動にも適応して生き残っていくためには，より多くの食べ物を摂取し，身体を丈夫にし，知恵を生み出す脳を発達させる必要がありました．家族の誕生は，様々な危険を回避し，食べ物を確保し，煮炊きするなど安全・安心に生きていくための知識や知恵などを子や孫に伝える必要があったことがきっかけになった，とされています．一昔前のご家庭の台所は，客間とは区別され，家族で朝ごはんや夕餉を楽しみながら一日の出来事を話し，あるいは味噌や醤油を加工し，ご近所や親しい友人が勝手に出入りする交流の場であり，色んな情報や個性にあふれる心豊かな空間だったように思います．ときどき，3世代同居する心温まるお話を伺います．

日本の農業・農村においては，数十年前から人口減少・少子化が深刻化し，担い手不足や荒廃農地の増加，引いては集落機能の維持が課題となってきており，北杜市においては，農地集積や農業機械の共同利用を行う集落営農組織等農業経営の法人化を進め，集落の中核的な担い手が育ってきています．高原野菜で有機・無農薬栽培に取組むなど品質の向上を通じたブランド化に取組む新規就農者も多く活躍しています．そして，荒廃農地の有効活用を図るとともに，組織力や情報発信力を有する企業型農業生産法人も20社を超えました．自然環境を活かしながら食料の生産条件を維持し，様々な農業者とその技術の交流を図り，農業や集落を巡る将来の課題に対応しようとしていくことで，地域社会を次世代へ継承していく，これが本旨です．

（「山梨総合研究所 News Letter Vol. 225-1 北の杜に生きる」（2017年4月28日）より）

このような，食と農を軸に，移住・定住促進を図る公的部門の動きのほかに，当地への関係人口を増やすことに大きく寄与している取り組みがある．

1つめは，北杜市に拠点を置く「特定非営利活動法人えがおつなげて」の活動である．三菱地所グループのCSR部門をパートナーとして，北杜市内の耕作放棄地を再生．さらに，収穫された酒米でオリジナルの地酒「純米酒丸の内」を醸造している．企業のニーズと農村の資源を結びつけ，連携して有効活用につなげる取り組みであることから，同法人は「企業ファーム」と名付けている．「食と農」「森林」「エネルギー」「ツーリズム」の各種ツアーを実施するほか，農産物・間伐材などの地域資源と，三菱地所グループの経営資源を融合させて，新たな価値を創造するプロジェクトをいくつも実行している．他にも，味の素グループとともに山梨県と三重県の農地で米作りを行っている．耕作放棄地の開墾，田植え，草取り，稲刈りなどの工程を味の素の社員研修として実施している．このように，地域に根ざした民間法人が中心となり，都会の企業と地域をつなげる取り組みが成果を挙げていることも見逃せない．

2つめは，遊休農地利活用の担い手の一つとして，大型施設園芸を主体とした農業参入企業を誘致し，その定着を図っている，公益財団法人北杜市農業振興公社の取り組みである．農業への新規参入企業も含め，日照や水といった自然条件に優れた北杜市で農業を開始することを希望する企業とのコーディネート機関として，重要な役割を担っている．

〈北杜市公社の事業による農業参入企業〉
ミサワワイナリー　2002年　12 ha　醸造用ぶどう
レ・パ・デュ・シャ　2007年　3.3 ha　醸造用ぶどう
村上農園　2010年　5.6 ha　施設スプラウト栽培
NCD八ヶ岳ファーム　2012年　0.6 ha　施設野菜
シティーファーム　2012年　6.0 ha　醸造用ぶどう
明野九州屋ファーム　2013年　3.5 ha　施設トマト
ドームファーム北杜　2013年　8.3 ha　施設リーフレタス
イオンアグリ　2014年　14.0 ha　露地野菜作
アグリマインド　2014年　3.6 ha　施設トマト
ハイチック　2014年　3.2 ha　採卵養鶏
ベジワン北杜　2015年　3.4 ha　施設パプリカ
志太北杜ワイナリー　2015年　20.0 ha　醸造用ぶどう
レッドファーム　2015年　3.2 ha　加工用ビーツ，燕麦
アグリビジョン　2015年　5.0 ha　施設ミディートマト
ザイマックスヴィレッジ　2015年　3.0 ha　農業体験・研修
高根ベビーリーフ菜園　2016年　5.0 ha　施設ベビーリーフ
オリエンタルランド 2017年 3.0 ha 施設野菜
日通ファーム　2017年　2.0 ha　施設ほうれんそう
（出所：野菜情報 2018.5　徳田博美）

北杜市公社の事業による農業参入企業：2002年から2017年の間に計18社，104.7 ha.

出所：

北杜市人口・世帯数（令和2年3月1日現在），https://www.city.hokuto.yamanashi.jp/docs/1386.html，閲覧日 2020年3月10日

山梨県北杜市，地域医療情報システム（日本医師会），http://jmap.jp/cities/detail/city/19209，閲覧日 2020年03月10日

山梨県北杜市「移住・定住ポータルサイト　いいじゃん，北杜市　北杜市の紹介」，https://www.city.hokuto.yamanashi.jp/docs/2027.html，閲覧日 2020年3月10日

北の杜フードバレープロジェクト事業，https://www.city.hokuto.yamanashi.jp/fs/1/0/6/0/7/5/_/fv_hokuto.pdf，閲覧日 2020年3月10日

濱井和博（北杜市役所企画部部長）「北の杜に生きる（2017年4月28日）」公益財団法人山梨総合研究所 News Letter Vol. 225-1，https://www.yafo.or.jp/2017/04/28/7896/，閲覧日 2020年3月10日

北杜市「産業・ビジネス　立地企業の実績」，https://www.city.hokuto.yamanashi.jp/docs/1008.html，閲覧日 2020年3月10日

徳田博美（三重大学大学院生物資源学研究科教授）「大型施設園芸を主体とした企業の農業参入による荒廃農地の利活用」『野菜情報』2018.5，https://www.alic.go.jp/content/000149986.pdf，閲覧日 2020年3月10日

矢野経済研究所「今週の“ひらめき”視点　田舎の“産業資本”としての可能性は無限．地方創生のKFSは共生，分散，ネットワーク（20190529）」，https://www.yano.co.jp/hirameki/show/id/157，閲覧日 2020年3月10日

えがおつなげて「企業ファーム事業」，https://www.npo-egao.net/activity/tourism/index.html，閲覧日 2020年3月10日

北杜市（山梨県）「月見里県星見里市」　地域バリューチェーン

外部力と内部力の新結合

地域固有の物語：Site Specific Storytelling
- 山々に囲まれた地形で水や土壌，日照に恵まれ，古くから農業が盛ん
- 質の高い米や農産物を産出するが，人口減少で耕作放棄地が増加
- 首都圏や中京圏からのアクセスがよく，通える田舎
- 南アルプスユネスコエコパークに登録（2014 年）

素材
- 自然資源（日照，水，土壌，季節や朝晩の気温差）
- 質の高い農産物（米，果樹，野菜，酒ほか）
- 都会からの地の利
- 雄大な景色

加工・製造
- 観光産業
- 6 次産業化
- 葉物やトマトなどの大規模施設栽培
- 都会の企業の従業員に農業体験・機会を提供（CSR，研修）

販売サービス
- 地の利を生かし生鮮を首都圏などに出荷
- 企業の CSR 予算で当地に来てもらい，成果とストーリーをブランド化（「純米酒丸の内」の例など）

地域の重層的リーダーシップ
- 自治体主導による積極的な移住・定住促進策
- NPO 法人えがおつなげてが都心の企業の CSR 部門を誘致し，「企業ファーム」を活用したエコシステムづくりに成功［内部力（ジモティ）が外部力（ヨソモノ）を誘致］
- 北杜市農業振興公社のコーディネートによる大型農業企業の誘致

地域コミットメント
- 自然豊かな里山と居住地区が隣接する，住みやすい，移住したいまち（「月見里県星見里市」と自称する）
- 大型農業企業の存在は田舎でも仕事があることを意味し，移住を促進

成果
- 2018 年には雑誌の「住みたい田舎」ランキングで総　合 1 位（2020 年は 3 位）
- 移住者数は漸減しているものの，2016 年 1396 人，2017 年 854 人，2018 年 768 人　と推移
- 北杜市公社の事業による農業参入企業　は 2002～2017 年の間に計 18 社，104.7ha

北杜市秘書広報課「月見里県星見里市（山梨県北杜市）について」
https://www.city.hokuto.yamanashi.jp/docs/6015.html
閲覧日：2021 年 2 月 5 日

13. 東御市（長野県）「千曲川ワインバレー」

テーマ：「千曲川ワインバレー」〜「東御テロワール」と「千曲川ワインバレー特区」によりワイナリー開業が活発化〜

基礎データ：人口30,048人，世帯数12,115（2020年2月1日現在），高齢化率28.90%（65歳以上・2015年）

東御市の，寒暖差があり雨が少なく風通しのよい乾燥した気候は，ワインづくりに適している．当地には全国からワイン生産者が移住し，ドメーヌ型ワイナリーを創設している．このマイクロワイナリー群を新たな観光資源とした周遊ツーリズムも繁栄しており，地域の自然環境を活かした産業と，それを観光に結びつけるまちづくりが注目されている．

事例の概要：

東御市（とうみし）は，2004（平成16）年4月1日に小県郡東部町（ちいさがたぐん・とうぶまち）と北佐久郡北御牧村（きたさくぐん・きたみまきむら）が合併して発足した市で，市名は旧東部町の「東」と，旧北御牧村の「御」の各1文字をとって付けられた．東御市は近年，信州ワインの産地として，「千曲川ワインバレー」の中核として注目を集めている．晴天率は90%，年間平均降水量が900〜1,000 mmと少なく（日本の平均降水量は年間約1700 mm），水はけの良い傾斜地のため，さまざまな農作物が作られてきた．江戸時代には養蚕用の桑が栽培され，近年はぶどうや米，くるみ（シナノグルミ）などが作られている．ワイン用葡萄の栽培は，1991（平成3）年に画家でエッセイストの玉村豊男氏が東御市に移住し，桑畑の跡地を開墾して約500本の苗木を植えたことから始まっている．当初はワイン用葡萄の生育は難しいとみる向きもあったが，苦労の末，数年後には14本のワインが完成した．玉村豊男氏は2003（平成15）年10月に酒造免許を取得し，2004（平成16）年に「ヴィラデストガーデンファーム アンド ワイナリー」を設立した．翌2005（平成17）年には蓮見喜昭氏が「はすみふぁーむ」を設立，2006（平成18）年に小山英明氏が「永井農場ワインプロジェクト」を始動（2008（平成20）年に「Rue de Vin（リュードヴァン）」を設立）と，東御市にワイナリー開業希望者が集まり始めた．

さらに，2015（平成27）年に日本ワイン農業研究所株式会社JW-ARCが設立した「アルカンヴィーニュ」は，「ぶどうで繋ぐアーチ」という意味で，自社ブランドのワイン以外に，新規就農者らの委託ワインも醸造している．また，ぶどう栽培から醸造，ワイナリー経営までを学べる「千曲川ワインアカデミー」を開校しており，将来ワイナリー開業を目指す人たちが学んでいる．「アルカンヴィーニュ」で学んだ人たちが東御市でワイナリーやヴィンヤード（ぶどう畑）を始める例も増えてきており，2020（令和2）年3月現在，次のワイナリー・ヴィンヤード（ぶどう畑）が所在している．

――以下，ワイナリーと園主
玉村豊男氏「ヴィラデスト ガーデンファーム アンド ワイナリー」
小山英明氏「Rue de Vin（リュードヴァン）」（「永井農場ワインプロジェクト」）
玉村豊男氏「ARC-EN-VIGNE（アルカンヴィーニュ）」
飯島規之氏「496WINERY（シクロワイナリー）」
蓮見喜昭氏「はすみファーム & ワイナリー」
中島豊氏「ドメーヌ ナカジマ」
波田野信孝氏「cave hatano」（「Man Malu Noka（まんまる農家）」）
池敬絃氏「ナゴミ・ヴィンヤーズ」
飯島明氏「Atelier du Vin（アトリエ デュ ヴァン）」
荻野貴博氏「LES VINS VIVANTS（レ ヴァン ヴィヴァン）」

――以下はヴィンヤード（ぶどう畑）
蓑輪康氏「ぼんじゅーる農園」

田辺良氏「Aperture Farm（アパチャーファーム）」
「Agronaume（アグロノーム）」
「Presentir（プレザンティール）」
「秀果園（しゅうかえん）」
「児玉邸」
「Stardust Vineyards（スターダスト・ウィンヤード）」
「Ro_vineyard（アールオーヴィンヤード）」

千曲川流域の河岸段丘と，南向きの扇状地であることによる日照時間の長さ，水はけの良さ，寒暖差，平均気温9.3度と涼しく，雨が少なくて風通しのよい乾燥した気候は，まさに「東御テロワール」といえ，良質なワイン用ぶどうを生み出し，質の高いワインづくりにつながっている.（テロワールとは，ワイン用ぶどうなどの生育に作用する，土地ごとの地理的条件や気候条件など固有の特徴のこと.）

このように，東御市にワイナリー開業希望者が集うことには，テロワール以外にも理由がある．実情に合わなくなった国の規制について，地域を限定して規制緩和することにより産業振興や構造改革を進めるため，2002（平成14）年度から構造改革特区の精度が創設された．その1つが「ワイン特区」で，酒税法の特例措置として，果実酒製造業に参入しやすくするために，従来は農地法の規制により農地を持つことができなかったワイナリーが，自らワインの原料ぶどうを栽培できるようになった.「ワイン特区」は2005（平成17）年に全国展開された．さらに，東御市は酒税法の定める正規の最低生産量である6,000リットルの3分の1から果実酒造免許が取れる特別許可地域を申請し，2008（平成20）年に認定されたことで，東御市で小規模な生産量からドメーヌ型のワイナリーを運営することができるようになった．その結果，東御市でぶどう栽培の新規就農やマイクロワイナリーの開業が増加した.

2015（平成27）年6月には，近隣8市町村（上田市，小諸市，千曲市，東御市，立科町，青木村，長和町，坂城町）からなる「千曲川ワインバレー特区」を申請し，内閣府の認定を受けている．他にも，長野県内には「桔梗ヶ原ワインバレー」（塩尻市),「日本アルプスワインバレー」(松本市，安曇野市，大町市，池田町など），「天竜川ワインバレー」（宮田村，松川町など）の合わせて4つのワインバレーがあり，長野県は近年，国内の一大ワイン生産地となっている．

生産者が増えても，需要が増えなければ持続可能性がない．東御市では毎年ワインフェスタを開催しており，リピートにつながる固定ファンとのつながりを強化している．さらに，都心などでも出張ワインフェスタイベントを行うことで，新規客の獲得にもつなげようと試みている．近年は地産地消志向の高まりとともに日本ワインの需要が増えつつあるといわれる．直近の日本ワインブームは2012（平成24）年の第7次といわれているが，日本産ぶどう100%で造る「日本ワイン」のワイナリー数は303場と前年より20場増加しており，今後の市場の成長が期待される．

また，2017（平成29）年9月1日には，「東御市の観光を次のステージへ」押し上げるために，日本版DMO（一社）信州とうみ観光協会が設立された．DMO設立の理由として以下をあげている．

> 今までの観光協会は，市内の「観光地へ誘う」ことを目的に観光関連事業者が集い，PR活動中心に事業を展開してきました．しかし，時代とともに旅のスタイルは“その土地固有の生活文化や自然環境の価値”を体感する「地域固有のリアリティのあるものを求めること」へと大きく変化していますので，観光資源だけを捉えた宣伝活動だけでは来訪者を誘うことが難しくなっています．
> このため，観光協会は，法人化によって社会的な信用度を高めるとともに，地域内の人や組織のマネジメントを担い「地域」と「来訪者」をつないで観光を軸に地域づくりを推進するDMO機能をもつ事業体として，新たな一歩を踏み出すこととしました．

信州とうみ観光協会は「観光二次交通社会実験事業」としての「まるッと信州とうみ号」（期間限定でしなの鉄道やバスでワイナリーを周遊する特別乗車券を販売）や，「とうみワインタクシー」，2019（令和元）年4月には，市内産のワインやビールを試飲したり展示を見られる「ワイン＆ビアミュージアム」を市内の温浴施設「湯楽里館」内に開業するなど，東御ワインを1つの強力なコンテンツとして交通や観光の点を線につなぎ，地域活性化につなげる数々の取り組みを行っている．2016（平成28）年に開業した「TOMI WINE CHAP-

EL（東御ワインチャペル）」に代表されるような，地元食材と地域のワインを合わせて供するレストランも増えつつあり，周遊観光との相乗効果につながっている．

出所：

東御市「平成31年度（2019年度）各月の人口」，https://www.city.tomi.nagano.jp/category/jinkou_tomi/146966.html（令和2年2月1日現在（地区・区）（xlsx 19kb）)，閲覧日2020年3月10日

長野県東御市，地域医療情報システム（日本医師会），http://jmap.jp/cities/detail/city/20219，閲覧日2020年03月10日

長野県「信州ワインバレー構想（平成25年3月)」，https://www.pref.nagano.lg.jp/jizake/documents/shinshuwinevalley_kousou.pdf，閲覧日2020年3月10日

Tomi Wine Story「東御市ワインとは」，http://tomiwine.jp/about/，閲覧日2020年3月10日

Tomi Wine Story「ワイナリー＆ヴィンヤード」，http://tomiwine.jp/winery/，閲覧日2020年3月10日

一般社団法人信州とうみ観光協会，http://tomikan.jp/，閲覧日2020年3月10日

一般社団法人信州とうみ観光協会「設立されました」，http://tomikan.jp/shinsyu-tomi/，閲覧日2020年3月10日

一般社団法人信州とうみ観光協会「イベント情報 東御ワインフェスタinちよだ」，http://tomikan.jp/news/tomiwinefesinchiyoda2020/，閲覧日2020年3月10日

信州ワインバレーワイナリーへ，http://www.nagano-wine.jp/winery/，閲覧日2020年3月10日

一般社団法人信州とうみ観光協会「まるッと信州とうみ号」，http://tomikan.jp/bus/，閲覧日2020年3月10日

キリン「日本国内ワイン消費数量は平成で3倍以上に〜スティルワイン国別輸入量NO. 1は4年連続チリ．国内のワイナリー数は前年増，日本ワイン成長に期待．〜（2019年7月2日)」，https://www.kirin.co.jp/company/news/2019/0702_06.html，閲覧日2020年3月10日

財務省関東財務局「地域活性化・地方創生等に貢献している取組み事例（長野財務事務所）「東御市の概要 官民一体となった取組み」」，http://kantou.mof.go.jp/content/000171556.pdf，閲覧日2020年3月10日

「東御市まち・ひと・しごと創生総合戦略 第4版（改訂版）（平成30年7月31日改訂)」，https://www.city.tomi.nagano.jp/file/118326.pdf，閲覧日2020年3月10日

東御市（長野県）「千曲川ワインバレー」　地域バリューチェーン

外部力と内部力の新結合

地域固有の物語：Site Specific Storytelling
- 画家でエッセイストの玉村豊男氏が目をつけて葡萄栽培を始めた土地
- 東御市を含む千曲川ワインバレー，さらに長野県には計4つのワインバレーがあり，長野県は国内ワインの新しい一大産地である
- 「ワイン特区」の認定を受け，新規就農やワイナリー開業がしやすい

素材
- 東御テロワール（ワイン用葡萄栽培に適した土壌・気候条件）
- 開業希望者

加工・製造
- マイクロワイナリーによる個性豊かなドメーヌワインの製造

販売サービス
- ワインフェスタなどのイベントを活用したファンづくりや交流
- ネットショップ

地域の重層的リーダーシップ
- 1991年に玉村豊男氏が東御市でワイン用葡萄栽培とワイン醸造を開始
- 玉村氏に次いで就農・開業したリュードヴァンの小山氏などの先駆者
- 「アルカンヴィーニュ」で後身育成（栽培のみならず経営も指導）
- 個人経営ゆえの収穫作業などの人手不足を，ファン（顧客）の巻き込みによって補うとともに，顧客を巻き込み内部化［外部力（ヨソモノ）が内部力（ジモティ）化］
- DMO信州とうみ観光協会の設立（2017年）

地域コミットメント
- 雨が少ない涼冷な乾地で，葡萄栽培やワイン醸造の適地である
- マイクロワイナリーの先駆者や指導者がいる特区で，新規就農や開業の支援制度もあり，ワイナリーを起業しやすい
- 東御ブランドを利用しつつ，生産者が個々のブランドで切磋琢磨

成果
- 2004年の「ヴィラデストガーデンファームアンドワイナリー」を皮切りに，2020年3月現在では10のワイナリーと8のヴィンヤードが設立
- 恋するNAGANO-WINE振興事業の目標値：ワイン用ぶどう新規就農者3名に対し，実績4名（2016年度）
- 東御ワインサポーターズクラブ会員（地域ファン）：2017年度末165名
- 経済効果についてはこれから検証予定（2020年3月を目標年月に進捗）

Rue de Vin（リュードヴァン），貯蔵中のワイン樽（左）とワイナリー（右）
筆者撮影，撮影日：2016年5月3日
撮影場所：Rue de Vin（リュードヴァン）

14. 小布施町（長野県上高井郡）「内は自分のもの、外はみんなのもの」

テーマ：「内は自分のもの、外はみんなのもの」～農業立町，文化立町を掲げて50年来取り組んできた，まちづくりの先進地～

基礎データ：人口10,997人，世帯数3,938（2021年6月1日現在），高齢化率32.80%（65歳以上・2015年），年間観光客延人数1,116,969人（町民の約10倍），観光による経済波及効果105億円/年（2008年度）

1970年代より，文化に根ざしたまちなみや景観づくりに取り組んできた小布施町では，2000年より「オープンガーデン」の取り組みを開始し，個人宅の庭の花木を観光資源として外来者を集めている．規模が小さくても観光産業や外来者の力で推進するまちづくりの草分け的な事例である．

事例の概要：

小布施町（おぶせまち）は，長野県内で最も小さい町ながら，葛飾北斎などの歴史遺産や美しい景観，栗を使った銘菓などで有名な観光産業の盛んな町である．江戸時代後期には，千曲川の船運と街道を利用した流通により，北信濃の経済・文化の中心として栄え，幕末頃には豪商高井鴻山が葛飾北斎や佐久間象山，小林一茶らを招き，文化人の交流の地となっていた．また，強酸性の松川が形成した扇状地と水はけの良い地質，日当りの良い地形が栗の栽培に適しており，小布施の栗が江戸時代には将軍家にも献上されていた．現在では「栗と北斎のまち」として親しまれており，年間120万人もの観光客が訪れる．主要な産業は卸売業，小売業，および製造業となっている．

小布施を全国的に有名にした，まちなみの景観づくりは1970（昭和45）年に端を発する．当時の町長であった市村郁夫氏は「農業立町，文化立町宣言」を掲げ，文化の側面でのまちづくりを開始した．1976（昭和51）年に葛飾北斎の作品を収蔵した北斎館が開館し，1980年代に入ると北斎館周辺16,000 m^2 を居住空間，商工業空間をあわせて回遊できる界隈に修景するという町並修景事業が開始された．1987（昭和62）年には，この町並修景地区に和菓子店小布施堂本店が開業し，周辺の中心市街地に栗菓子店などの観光産業が集積するようになっていくと，同地は観光地としてにぎわいをみせ始めた．周囲の景観との調和と美しいまちづくりのための指針「うるおいのあるまち環境デザイン協力基準」や「住まいづくりマニュアル」，「広告物設置マニュアル」，「あかりづくりマニュアル」などが1992（平成4）年，1997（平成9）年に作られ，2000（平成12）年には「オープンガーデン」の取り組みが開始された．このように，まちをあげた景観づくりが進むなかで，住民には「内は自分のもの、外はみんなのもの」という意識が根付いてきたという．花によるまちづくりの流れは1980（昭和55）年頃から町内自治会による「町を美しくする事業推進委員会」が発足し，地区単位による美化運動や花壇づくりが進められていたところから始まる．この動きと，「内は自分のもの、外はみんなのもの」という意識の浸透が相まって，花によるまちづくりの基本方針が明確化されていった．「オープンガーデン」とは，個人の庭などを一般の方に公開する活動で，小布施町では町役場の産業振興化が旗振り役となって「おぶせオープンガーデン」を行っている．所定の看板を掲げた家や施設のガーデンは，誰でも自由に入ってみることができる．

おぶせオープンガーデンは，2000（平成12）年に38軒でスタートしました．これは，1980（昭和55）年から取り組んできた「花のまちづくり」，また，小布施町に伝わる「縁側文化」「お庭ごめん」の相乗効果として，訪れた方々を花でもてなし，会話を通して交流を図るもので，官民が一体となって取り組んだオープンガーデンとしては全国初となっています．（小布施町役場産業振興課）

1970年代に景観事業を唱えた当時の市村郁夫町長の取り組みを引き継ぎ，現在の成果につなげる役割を果たしたのが，前町長の市村良三氏である．市村良三氏は，江戸時代に小布施に北斎を招いた豪農，高井鴻山の子孫で，1979（昭和54年）年12月30日におじで小布施町長だった市村郁夫氏が任期途中で死去したことを受け，1980（昭和55）年に市村郁夫氏の息子の次夫氏とともに和菓子店「小布施堂」の経営を引き継いだ．1980年に株式会社小布施堂に入社して以来，町並み修景事業などの中心的を担ってきた．1993（平成5）年には第3セクターのまちづくり株式会社「ア・ラ・小布施」を設立し，代表取締役社長を務めながら小布施堂の代表取締役副社長も兼務し，2005（平成17）年からは小布施町長を務めている．

「ア・ラ・小布施」は，第三セクターでありながら町の出資比率は4%と低く，民間主導でのまちづくりを進めている．会社のモットーは「金出し，汗出し，知恵出し，力出し」で，「ア・ラ」（フランス語の「〜流に，〜風に」）というネーミングには，小布施流でやっていこうという意味が込められた．地元農林加工品の製造・販売や，1994（平成6）年から毎日曜の朝に開催されている「栗どっこ市」の運営，民泊事業，国際音楽祭など数々の取り組みを行い，成果をあげている．

2000年代以降の小布施町は，まちづくりの第2期に入っていく．2005（平成17）年7月には，小布施町と東京理科大学理工学部建築学科により「東京理科大学・小布施町まちづくり研究所」が開設された．地元の信州大学の人文学部や農学部とも官学協働研究を行い，景観づくりが進められるようになった．さらに，景観づくりからまちづくりに取り組みの力点が移っていくと，「ア・ラ・小布施」によるコミュニティスペース「六斎舎」の開設や，イベントの企画運営，蔵を改造した宿泊施設「ゲストハウス小布施」，図書館の「まちとしょテラしょ」，レンタルサイクルなどの事業化，地域産業振興などとの相乗効果がさらに上がっていった．

たとえば2012（平成24）年からは，全国から若者を集め，地域の課題やビジネスを語り合う「小布施若者会議」が毎年行われている．2泊3日で全国から35歳以下の若者100人以上が集まり，まちを知る1日目（フィールドワーク），具体的なアウトプットを生み出す2日目（ディスカッション），発信する

3日目（プレゼンテーション），というスケジュールでワークショップを行っており，そこで生まれたアイデアをもとに「第二町民制度」が2015（平成27）年2月から開始された．また，「かわいい」を入り口に地方のコンサルティングを行うハピキラFactoryなどのベンチャー企業が設立されるなど，成果をあげている．

出所：

小布施町企画政策課「統計でみる小布施町の姿　平成30年度版（2019年10月1日）」，https://www.town.obuse.nagano.jp/uploaded/life/16588_34771_misc.pdf，閲覧日2020年3月10日

長野県小布施町，地域医療情報システム（日本医師会），http://jmap.jp/cities/detail/city/20541，閲覧日2020年3月10日

須坂新聞「小布施町はなぜ栗のまち？」，https://www.suzakanews.co.jp/chosatai_4.php，閲覧日2020年3月10日

国土交通省「小布施のまちづくり」，https://www.mlit.go.jp/common/001058330.pdf，閲覧日2020年3月10日

「小布施町の観光客と経済効果の調査（掲載日：2012年6月10日更新）」，https://www.town.obuse.nagano.jp/soshiki/43/kankotyosa.html，閲覧日2020年3月10日

国土交通省「事例番号076地元力で自立する和みのまちづくり―六次産業のまちづくり―（長野県小布施町）」，http://www.mlit.go.jp/crd/city/mint/htm_doc/pdf/076obuse.pdf，閲覧日2020年3月10日

「おぶせオープンガーデンとは」，https://obuse-opengarden.com/about，閲覧日2020年3月10日

小布施町「花のまちづくりのあゆみ（掲載日：2013年7月12日更新）」，https://www.town.obuse.nagano.jp/site/opengarden/garden6.html，閲覧日2020年3月10日

観光庁「観光カリスマ　市村良三（最終更新日：2010年4月12日）」，https://www.mlit.go.jp/kankocho/shisaku/jinzai/charisma/mr_ichimura.html，閲覧日2020年3月10日

Greenz「栗とオープンガーデンだけじゃない．次々と市民協働の動きが生まれる小布施町が自分たちの未来を「誰かにお任せにしない」のはなぜか？（2017. 03. 23）」，https://greenz.jp/2017/03/23/obuse_social_design_camp/，閲覧日2020年3月10日

大宮透「「小布施若者会議」交流が産んだイノベーション創出都市」『事業構想』2016年3月号，https://www.projectdesign.jp/201603/business-from-local/002736.php，閲覧日2020年3月10日

須坂新聞「【2017年人口集計】須坂と小布施が転入超過～高山は社会減6人（2018.02.10）」，https://www.suzakanews.co.jp/news/contents/event/event.php?id=3973，閲覧日2020

年3月10日

小布施町（長野県上高井郡）「内は自分のもの、外はみんなのもの」 地域バリューチェーン

外部力と内部力の新結合

地域固有の物語：Site Specific Storytelling
- 幕末頃，豪商高井鴻山が葛飾北斎や佐久間象山，小林一茶らを招き，文化人の交流の地となっていた
- 強酸性の松川が形成した扇状地と水はけの良い地質，日当りの良い地形が栗の栽培に適しており，江戸時代には将軍家にも献上されていた
- まちなみ修景事業により「内は自分のもの、外はみんなのもの」の意

素材	加工・製造	販売サービス
・質の良い栗 ・北斎の原画 ・1980年代から続く，「花のまちづくり」	・老舗の小布施堂を中心とした栗菓子 ・北斎館および周辺の町並修景地区 ・大学との官学連携	・「小布施の栗」ブランドとして全国に販売 ・現地を訪れ景観，花，栗を複合的に体験（おぶせオープンガーデンなどのマインドセットも観光資源に）

地域の重層的リーダーシップ
- 1970年代の市村郁夫町長による町並修景事業［内部者（ジモティ）］
- 「ア・ラ・小布施」と市村良三氏によるまちづくり［外部力（ヨソモノ）をもち帰った内部者（ジモティ）］
- 大学関係者や「小布施若者会議」などの，外からの交流人口の貢献［外部力（ヨソモノ）］

地域コミットメント
- 町民に「内は自分のもの、外はみんなのもの」の意識が醸成されたことで，外から訪れる人に対する，見られる意識，見せる意識が統一された

成果
- 年間観光客延人数1,116,969人（町民の約10倍）
- 観光による経済波及効果105億円/年（2008年度）
- 移住者は，29名の「社会増」（2017年）
- 大学関係者や「小布施若者会議」などの外からの交流人口が増加，移住や地元で起業などの成果も

小布施町役場産業振興課・おぶせオープンガーデン
https://obuse-opengarden.com/
閲覧日：2021年1月29日

15. 養父市（兵庫県）「なにかと読めないまち」

テーマ：「なにかと読めないまち」～中山間農業改革特区として就農希望者や農業参入企業を惹きつけるまち～

基礎データ：人口23,205人，世帯数9,372（2020年1月末日現在），高齢化率36.20%（65歳以上・2015年）

中山間農業改革特区として新規参入企業や移住者を受け入れ，西日本で最大級規模の太陽光利用型水耕栽培施設を擁するなど，耕作放棄地や高齢者の積極活用，民間事業者との連携により産業振興や人口増につなげている．農業を通じて中山間地域の活力を生み出せる可能性を示唆している．

事例の概要：

近畿圏のなかで，隣接する豊岡市，朝来市などとともに移住希望者の注目を集めている筆頭が，兵庫県の養父市（やぶし）である．2004（平成16）年4月1日，兵庫県養父郡の八鹿町・養父町・大屋町および関宮町の4町が合併してできた町で，主要産業は農業である．主な農産品は，米の食味ランキングで特A評価を受けた兵庫県但馬産コシヒカリの蛇紋岩米（じゃもんがんまい）や，一般的な山椒より爽やかな香りで育樹が難しいとされる朝倉山椒，但馬牛や八鹿豚などの畜産物，ネクタリンや富有柿などの果樹である．

2014（平成26）年3月28日，養父市は国家戦略特区に指定され，中山間地農業の改革拠点と位置付けられた．国家戦略特区は，経済社会の構造改革推進するために，岩盤規制に対し特例的に規制緩和を行う地域を指定するもので，内閣総理大臣により認定されている．その１つである養父市は「中山間農業改革特区」として，企業や就農者などが農業に関わるさまざまな規制の制約を受けない取り組みができる，特別な地域となっている．養父市は，高齢化や人口減少による離農・農業者減少を懸念し，耕作放棄地を含む農地の有効活用を図るため，特区に手をあげた．農業において既存の就農者や新規参入者が新しい取り組みを行うことで，中山間地域の新しい農業モデルとなるとともに，多様な農業のライフスタイルを模索することを目指した．養父市を特区とすることにより目指す目標，主な政策課題，事業に関する基本的事項は，以下の通りである（内閣総理大臣決定「国家戦略特別区域及び区域方針」）．

■目標

高齢化の進展，耕作放棄地の増大等の課題を抱える中山間地域において，高齢者を積極的に活用するとともに民間事業者との連携による農業の構造改革を進めることにより，耕作放棄地の再生，農産物・食品の高付加価値化等の革新的農業を実践し，輸出も可能となる新たな農業のモデルを構築する．

■主な政策課題

(1) 耕作放棄地等の生産農地への再生

(2) 6次産業化による付加価値の高い新たな農産物・食品の開発

(3) 農業と観光・歴史文化の一体的な展開による地域振興

■事業に関する基本的事項

〈農業〉

・耕作放棄地等の再生【農業委員会，農業生産法人】

・農産物・食品の高付加価値化の推進【農業生産法人，信用保証，農家レストラン】

〈歴史的建築物の活用〉

・交流者滞在型施設の整備【古民家等】

「民間事業者との連携による農業の構造改革を進めること」がポイントとなっている．農業特区である養父市は，農業に新規参入しようとする企業にとって，新しい取り組みを試行することのできる魅力的なフィールドとなっている．たとえば，企業が農地を賃借・取得しやすくする制度を導入されたことを受け，オリックス，クボタ，ヤンマーといった大手企業が，養父市で農業を行っている．たとえば，やぶファームは，オリックス農業株式会社，やぶパートナーズ株式会社（養父市100％出資），JAたじま，地元農業者の共同出資により設立された農業生産法人である．2015（平成27）年7月より土耕栽培を開始し，約2.4 haの営農面積で米などを生産してきた．2018（平成30）年4月には西日本最大級の生産規模をもつ約1 haの太陽光利用型水耕栽培施設が完成し，ほうれん草や春菊，クレソンなどの葉物野菜を生産している．

養父市では，移住支援・定住促進にも力を入れている．養父市の市民生活部には「やぶぐらし課」が設置され，空き家バンク，婚活応援事業，住宅支援などを行っている．「養父市ちょこっと田舎暮らし（体験住宅）」は，月額10,000円で1ヶ月から市内の空き家に体験入居できるというものである．「小さな農家活動応援事業補助金」は，従来は10a以上からしかできなかった新規就農を，1a未満の小規模農地でもできるようにするなどの規制緩和措置をとり，農機具や資材の費用を一部補助することで新規就農を促進する取り組みである．

養父市の「一般社団法人田舎暮らし倶楽部」は，兵庫県養父市への定住希望の方への相談業務や市民農園の運営などを行っている．同法人は体験・交流イベントや講習会を定期開催しており，外部からの交流人口を徐々に自然に定住に導く助けとなっている．雇用を生み出すため，在来種の青大豆「八鹿浅黄（ようかあさぎ）」を栽培し，味噌や湯葉などに加工する6次産業化も行っている．「田舎暮らし倶楽部」代表の西垣憲志氏は，移住者にとって仕事の確保が重要であり，就農サポートや儲かる農業をめざす支援を行っていると述べている．

下手な医者という意味の「藪医者」の語源は，実は養父の名医だという．松尾芭蕉門下の俳人，森川許六（もりかわきょろく）が編纂した「風俗文選」（ふうぞくもんぜん）によると，もともとは養父に住む名医がおり人々に尊敬されていたことから，「養父医者」は名医の代名詞だった．しかし，そのブランドを悪用して「養父医者」の弟子だと名乗る下手な医者が跋扈したために，転じて下手な医者が「やぶ医者」と呼ばれるようになったという．このエピソードを活用して養父市は，2014年に「やぶ医者大賞」を創設した．医療過疎地域の公的病院または診療所（民間含む）に5年以上勤務する50歳以下の医師および歯科医師に授賞する．若手医師の育成と地域医療の発展を目的にしている．

養父市では2017（平成29）年度に実施した空家等現地実態調査において，市内に約1,300戸の空き家が存在することがわかったが，2010（平成22）年度から2019（令和元）年度までに164件の物件が空き家バンクに登録され，82件の物件が成約している．

人口については，転出者数は，2004（平成16）年の881人から，2010（平成22）年までに593人まで減少．以後やや増加して2015（平成27）年10月時点では661人となった．2012（平成24）年から2015（平成27）年までの転入数と転出数の平均は転入数年間495人，転出数672人で，転入数と転出数の差である社会増減は，年間マイナス177人となっている．

出所：

養父市の人口と世帯，https://www.city.yabu.hyogo.jp/，閲覧日2020年3月10日

JMAP地域医療情報システム「兵庫県 養父市」，http://jmap.jp/cities/detail/city/28222，閲覧日2020年3月10日

養父市国家戦略特区・地方創生課「国家戦略特区とは？」，https://www.city.yabu.hyogo.jp/soshiki/kikakusomu/soseika/5431.html，閲覧日2020年3月10日

「国家戦略特別区域及び区域方針（平成26年5月11日内閣総理大臣決定，平成27年8月28日一部変更，平成28年1月29日一部変更）」，https://www.city.yabu.hyogo.jp/material/files/group/5/160129_kuiki_houshin.pdf，閲覧日2020年3月10日

やぶファーム，https://orix-agri.jp/corp/yabu.html，閲覧日2020年3月10日

オリックス株式会社「兵庫県養父市で太陽光利用型水耕栽培施設が竣工～国産青果の安定的な生産・流通体制を全国に拡大～（2018年04月24日）」，https://www.orix.co.jp/grp/company/newsroom/newsrelease/180424_ORIXJ.html，閲覧日2020年3月10日

「藪医者の語源は，養父の名医（更新日：2019年10月31日）」，https://www.city.yabu.hyogo.jp/soshiki/kenkofukushi/hoken_iryo/1/1319.html，閲覧日2020年3月10日

「知る人ぞ知る“名医の郷”で「やぶ医者大賞」を開催ー兵庫県養父市役所健康福祉部保険医療課に聞く◆Vol. 1（2019年7月9日）」，https://www.m3.com/open/iryoIshin/article/679496/，閲覧日2020年3月10日

マイナビ農業「兵庫県養父市に広がる高原で野菜づくり．特産品『轟（とどろき）大根』の魅力！（最終更新日：2020年02月06日）」，https://agri.mynavi.jp/2019_06_12_70741/，閲覧日2020年3月10日

一般社団法人田舎暮らし倶楽部，http://www.inakaclub.net/，閲覧日2020年3月10日

マイ広報紙「市広報やぶ2019年8月号（第185号）〈特集〉空き家に息吹を・・・(2019.08. 15)」，https://mykoho.jp/article/%E5%85%B5%E5%BA%AB%E7%9C%8C%E9%A4%8

A%E7%88%B6%E5%B8%82/%E5%B8%82%E5%BA%83%E5%A0%B1%E3%82%84%E3%81%B6-2019%E5%B9%B48%E6%9C%88%E5%8F%B7%EF%BC%88%E7%AC%AC185%E5%8F%B7%EF%BC%89/%EF%BC%9C%E7%89%B9%E9%9B%86%EF%BC%9E%E7%A9%BA%E3%81%8D%E5%AE%B6%E3%81%AB%E6%81%AF%E5%90%B9%E3%82%92%E3%83%BB%E3%83%BB%E3%83%BB/，閲覧日 2020 年 3 月 10 日

「まち・ひと・しごと創生総合戦略　養父市人口ビジョン（平成 27 年 10 月）」，https://www.city.yabu.hyogo.jp/material/files/group/5/jinkoubijon.pdf，閲覧日 2020 年 3 月 10 日

養父市（兵庫県）「なにかと読めないまち」 地域バリューチェーン

外部力と内部力の新結合

地域固有の物語：Site Specific Storytelling
- 過疎化が進み，耕作放棄地や空き家が増加した状況を打破するため「中山間農業改革特区」となり，企業が農業に参入しやすい環境に
- 移住・定住促進の支援や制度が手厚い
- 「やぶ医者」の語源（もともとの意味は名医）→過疎地の医療者に授賞

素材
- 空き家，耕作放棄地
- 蛇紋岩米（じゃもんがんまい）や朝倉山椒，但馬牛や八鹿豚（ようかぶた），八鹿浅黄（ようかあさぎ，青大豆）などの固有種，在来種

加工・製造
- 6次加工（純米酢，ポン酢，味噌など）
- 交流人口増加につなげるお試し田舎暮らしなどの移住促進策

販売サービス
- ふるさと納税の積極的活用（豊富な返礼品と，「なにかと読めないまち養父市」をアピール）

地域の重層的リーダーシップ
- 養父市による農業進出企業の誘致
- 養父市による移住・定住支援策
- 田舎暮らし倶楽部（代表西垣憲志氏）による移住相談や就農サポート［内部力（ジモティ）］

地域コミットメント
- 農業特区であり移住支援や就農支援が充実，結果，企業も個人も新規就農したければ養父市へ

成果
- 1,300件（2017年）ほどある空き家のうち，2010年度から2019年度までに164件の物件が空き家バンクに登録され，82件の物件が成約
- 2012年から2015年までの転入数と転出数の平均は転入数年間495人，転出数672人で，年間マイナス177人の社会減
- 雑誌の「住みたい田舎」ランキング2020年版で，総合部門総合5位，子育て世代が住みたい田舎部門では3位

やぶ市観光協会観光情報「養父市別宮（べっくう）の棚田」
https://www.yabu-kankou.jp/sightseeing/bekkutanada
閲覧日：2021年2月5日

16. 海士町（島根県隠岐郡）「ないものはない」

テーマ：「ないものはない」〜島の自立を目指し，町長発で町民と一体となった財政改革や島のマーケティング推進〜

基礎データ：人口 2,353 人，世帯数 1,057（2018 年 5 月現在），高齢化率 39.01%（65 歳以上・2015 年）

島根半島の沖合遠方に位置する離島でありながら，全国からのUIJターン移住者が多く，過疎地の活性化成功事例として注目を集めている．財政改革と 1 次産業および 6 次産業の振興により島のブランド化を推進しており，「持続可能な島」としての取り組みを続けていくと宣言している．

事例の概要：

海士町（あまちょう）は，島根半島の沖合に位置する「中ノ島」にある町で，主要産業は農業と漁業である．本土からの交通は高速船かフェリーを利用して約 2〜3 時間かかる，遠方の離島でありながら，首都圏や全国からのUIJターンによる移住者が多く，過疎地の活性化成功事例として注目を集めている．海士町は 2011（平成 23）年に「ないものはない」宣言を行ったが，これは，『なくてよい．大事なことはすべてここにある．』のダブルミーニングになっている．都会のような便利さや人工物の豊かさはないという意味と，ないものが一つもないという二重否定，すなわち自然の恵みや人の温かさは潤沢にあるという意味である．

2003（平成 15）年，「平成の大合併」のなか，島嶼間の合併はシナジー効果が出にくいという理由で，海士町は独立自営の道を選んだ．しかし，2003（平成15）年12月，国と地方の税財源を見直す三位一体改革により，地方財政計画において地方交付税が大幅に削減されたことで，5年後には財政赤字に転落する見込みとなり，急遽島の生き残りを掛けた「海士町自立促進プラン」が策定された．これが，町の取り組みをまとめた冊子「ないものはない〜離島からの挑戦〜最後尾から最先端へ〜（H27. 4. 1改）」でいうところの，「生き残るための守りの戦略」である．町長が「自ら身を削らない改革は支持されない」と給与カットを宣言すると，管理職や職員組合からも申し出があり，2004（平成16年）年から町長以下，助役，教育長，管理職，職員の給与カットが開始された．また議員定数の削減や組織のポスト削減などのスリム化，公費利用範囲の削減などを相次いで行った．そのうちに，住民からの応援の寄付や，町民が自らもできることがないかと問合せが来るようになるなど，「町民と危機感を共有化したことで，住民意識も大きく変革」することになった．さらに，財政への支援になったのが，2008（平成20）年4月の，島外からの寄付を集める「ふるさとづくり寄附金（ふるさと納税）」の制定である．2013（平成25）年3月末時点で260件2,370万8千円の寄付（納税）額を集めることに成功した．そのうち約4割が海士町に縁のない人からの応援であり，島外からの海士町への関心や共感の高さがうかがわれる．冊子でも，「皆で危機意識を共有することが危機脱出の鍵である」としている．

改革において重要な役割を果たしたのは，町長の山内道雄氏である．2018（平成30）年5月30日に任期満了に伴い町長を退任したが，1995（平成7）年から2002（平成14）年まで2期7年にわたって海士町議会議員を務め，2002（平成14）年から2018（平成30）年まで4期16年にわたって海士町長を務めた．山内道雄氏は，従前は電電公社（のちに民営化しNTT）に勤めていたが，52歳のとき，海士町に住む母親が病気で倒れたことをきっかけに，NTTを退職して海士町へ戻った．

財政面の短期的な対策と合わせて，中長期的な成果を視野に取り組んだのが，「生き残りを懸けた攻めの戦略」である．「攻め」の定義は，「地域資源を活かし，第1次産業の再生で島に産業を創り，島に人（雇用の場）を増やし，外貨を獲得して，島を活性化することである．……成長を島の外に求める」と明記されている．そのために海士町では「現場第一主義」を掲げ，産業振興と定住対策の二本柱を重点施策として，攻めの実行部隊となる「産業3課」，観光と定住対策を担う「交流促進課」，第1次産業の振興を図る「地産地商課」，新たな産業の創出を考える「産業創出課」を設置し，町役場の職員を重点配置した．「産業3課」は町の玄関でありアンテナショップでもある港のターミナル「キンニャモニャセンター」のワンフロアーに置かれ，現場のニーズを肌で感じられる環境で業務を行った．

2004（平成16）年，2005（平成17）年には，「地域再生計画（海士デパートメントストアプラン）」を策定した．島全体をデパートの階層に見立て，島の味覚や魅力を島まるごと全国にお届けするというもので，1次産業の産品を活用した「島まるごとブランド化」で「地産地商」を図った．産業振興のキーワードは『海』•『潮風』•『塩』の三本柱で，当初より，要求レベルの高い東京で認められることを目指す考えで，展開先のメインターゲットは東京に置かれた．

商品化の第1弾は「島じゃ常識！さざえカレー」で，商品開発研修生が開発した商品であった．海士町では1998（平成10）年度より商品開発研修生を募集している．毎月15万円の給与（社保付）を支給し，1DKの住居を家賃1万円で準備して，「よそ者」の発想と視点で商品化に挑戦してもらうという制度である．「さざえカレー」の成功は，地元にとって商品価値があるとは考えられていなかったものが，実は外部からみれば驚きや新鮮な魅力を感じられることを知らしめた．第2弾のブランド商品は，「隠岐海士のいわがき・春香」で，U•Iターン者と地元漁師が協力して養殖に成功したものである．毎年28万個を養殖するようになり，春から初夏の岩牡蠣として築地や首都圏のオイスターバーに出荷，県のブランド5品目にも認定された．新規漁業就業者制度を設けたことで，岩ガキ養殖を始めたいとIターン者7名（2015年4月1日）が移住に至っている．他にも，「島生まれ，島育ち，隠岐牛」を合言葉に，ミネラルを多く含む潮風のあたる放牧地の牧草で育てられた隠岐牛や，ミネラル豊富な本物の「海士乃塩」や，「海士乃塩」を使った梅干し・塩辛・干物などの産品，「隠岐産干しナマコ」などもブランド化が試みられている．

Iターン者の受け入れ環境としては，2004〜2014（平成16〜26）年度までに体験住宅22戸，定住住宅の新築50戸，空き家リニューアル等45戸，公営住宅5戸，看護師住宅3戸の，合計125戸を緊急整備した．少子化対策として結婚・出産祝い金や第3子以降の保育料無料化，転入自動奨励金，就学前乳児医療費償還払といった子育て支援制度を拡充させた．2006（平成18）年には「海士ファン・バンク」を設置，1口50万円の出資を募り，年3%利息相当の島内産品をオーナーに送り，7年後に一括返済するというものである．その資金は島内の産業振興にあてられ，2011（平成23）年3月末時点で集められた30口1,500万円の資金を畜産業2名（600万円），漁業3名（900万円）が利用している．

このように，内外の人材の取り組みがシナジー効果をあげながら島のブランド化を推し進めていったなかで，海士町は人づくりを重視するようになり，「人間力溢れる海士人の育成」を掲げてさまざまな取り組みを行うようになっていった．

海士中学校の修学旅行では一橋大学や東京大学を訪問し，中学生が大学生に講義を行った．その結果，講義を聴いた一橋大学の学生が海士へ移住した．逆に若手の講演者が都会から海士に来て出前授業を行う「AMAワゴン」の取り組みでは，第1回目の講師として来島した岩本悠氏がのちに海士へ移住するなど，人材交流による効果は大きい．島を1つの大学に見立てた「海士大学」構想や，島ならではの，保育園から高校までの教職員の連携組織による一貫した人間力育成を目指す教育，海士町にある廃校の危機が迫っていた島根県立隠岐島前高校の存続のため，全国から意欲ある生徒を受け入れる「島留学」など，独自の取り組みを次々行って，「子育て島」，「人づくりの島」として教育面でもブランド化を成し遂げた．

島根県立隠岐島前高校は40%は島外出身者で全国から志願者が集まる人気校として知られる．島外出身者のための寮があり，シンガポール国立大学の学生と地域の魅力化プロジェクトをディスカッションする海外研修を行っている．

海士町は2019（令和元）年に町制施行50周年を迎えた．2004（平成16）年度の地方財政ショック以降，住民サービス優先でありながらさまざまな予算をカットして財政運営を行ってきた結果，赤字補填のために基金をとり崩すことなく10年以上維持し続けている．2001（平成13）年度末に101.5億円であった地方債残高は，2017（平成29）年度末には74.8億円まで約26.7億円減となっている．移住者については，2013（平成25）年に転入者が転出者を上回る「社会増」がピークの61人を記録，転入超過は2014（平成26）年の8名，2015（平成27）年の10人と続いたが，2016（平成28）年には39人の「社会減」に転じた．出生数についても，2013（平成25）年度から2016（平成28）年度までの4年間がピークで年間17人から20人で推移したが，2017（平成29）年度は12人，2018（平成30）年度は14人と推移している．今後は産業経済面をさらに強化し，「持続可能な島」として取り組みを続けていくことを謳っている．

出所：

一般社団法人 海士町観光協会「「ないものはない」海士町について」，https://oki-ama.org/，閲覧日2020年3月10日

島根県海士町「2018海士町勢要覧資料編」，http://www.town.ama.shimane.jp/about/pdf/%E3%80%90%E6%9C%80%E6%96%B0%E3%80%91%E8%B3%872018%E7%94%BA%E5%8B%A2%E8%A6%81%E8%A6%A7%EF%BC%88H30_05%E7%8F%BE%E5%9C%A8%EF%BC%89.pdf，閲覧日2020年3月10日

【隠岐國（おきのくに）・海士町（あまちょう）】 ないものはない～離島からの挑戦～最後尾から最先端へ～（H27. 4. 1改），http://www.town.ama.shimane.jp/contact/files/%E3%80%90%E6%9C%80%E6%96%B0%E7%89%88%E3%80%91%E9%9B%A2%E5%B3%B6%E7%99%BAH27.4.1.pdf，閲覧日2020年3月10日

海士町「町長施政方針並びに提案理由説明要旨（2019年3月8日）」，http://www.town.ama.shimane.jp/about/pdf/H31%E5%B9%B4%E5%BA%A6%E3%80%80%E7%94%BA%E9%95%B7%E6%96%BD%E6%94%BF%E6%96%B9%E9%87%9D.pdf，閲覧日2020年3月10日

宮本恭子（島根大学法文学部）「島根県海士町における高齢期の動態を考える―『わがとこ』で最期まで暮らし続けるための福祉基盤の検討―」2019/04/25，http://kenkai.ws.hosei.ac.jp/wp-content/uploads/2019/04/20190425miyamoto.pdf，閲覧日2020年3月10日

海士町（島根県隠岐郡）「ないものはない」　地域バリューチェーン

外部力と内部力の新結合

地域固有の物語：Site Specific Storytelling
- 離島ゆえに自治体合併のシナジー効果が出づらく市町村合併を見送り
- 地方財政ショックにより，待ったなしの財政改革に着手（自治の意識）
- 町長や町の姿勢が，市民を巻き込み，市民も改革を自分ごと化
- 豊かな自然や1次産品の有効活用によるポテンシャルへの期待

素材
- 『海』・『潮風』・『塩』
- 自然豊かな島
- 自然豊かな島で育った人材

加工・製造
- 島まるごとブランド化（さざえカレー，ブランド牡蠣春香，隠岐牛，海士乃塩など）
- 人材交流，受け入れ

販売サービス
- 東京を市場と定め，島ブランドを販売
- 島のファンを作り，遠くて不便な島でも寧ろ足を運んでもらう

地域の重層的リーダーシップ
- 2002年から2018年まで町長を務めた山内道雄氏のリーダーシップ［外部力（ヨソモノ）を持ち帰った内部者（ジモティ）］
- 商品開発研修生，AMAワゴンや島留学などで島に関わるようになった外部の関係者の発想や，内部者と異なる視点［外部力（ヨソモノ）］
- 島民以外でも島のファンに（ふるさと納税や海士ファン・バンクで支援）

地域コミットメント
- 「ないものはない」（『なくてよい．大事なことはすべてここにある．』のダブルミーニング）
- 人づくりを重要分野と位置付け，「人間力溢れる海士人の育成」目指し，「子育て島」，「人づくりの島」として教育面でもブランド化

成果
- 財政危機を乗り越え，赤字化を回避
- 2001年度末に101.5億円であった地方債残高は，2017年度末には74.8億円まで約26.7億円減
- 移住者は，2013年に転入者が転出者を上回る61人の「社会増」を記録
- 出生数は2013年度から2016年度までの4年間がピークで，年間17人から20人で推移

島根県隠岐郡海士町にある承久海道キンニャモニャセンター（ウィキメディア・コモンズ）
https://commons.wikimedia.org/wiki/File:Ama_town_Kinnyamonya_Center_interior_ac_(1).jpg
閲覧日：2021年2月5日

17. 西粟倉村（岡山県英田郡）「百年の森林（もり）」

テーマ：「百年の森林（もり）」～木材を活用した村の主要産業づくりと，ベンチャーエコシステムの形成～

基礎データ：人口 1,443 人，世帯数 607（2020 年 3 月 3 日現在），高齢化率 35.9%（2019 年 10 月 1 日現在）

総面積の 95% が山林の一過疎村である西粟倉では，主要産業である林業の衰退が課題であったが，林業を礎として起業希望者が集う村となった．環境モデル都市，バイオマス産業都市，SDGs 未来都市・自治体 SDGs モデル事業に選定されているほか，地域通貨を通じた投資スキームなど，村の持続可能性につながる新しい取り組みを行い注目されている．

事例の概要：

西粟倉村（にしあわくらそん）は，岡山県の最北東端に所在し，兵庫県および鳥取県と県境を接する村である．総面積の約 95% が山林で，そのうち約 85% は高度成長期に植林された杉や檜などの人工林であり，主な産業は林業である．西粟倉村では，森林という地域資源を固有の資源と見立て，「百年の森林（もり）構想」を合言葉にした地域活性化の取り組みで成果をあげている．

西粟倉村の取り組みの中心を担うのは，「株式会社西粟倉・森の学校」と，その立ち上げと運営を担ってきた牧大介氏である．西粟倉村は 2004 年から 2006 年にかけての「平成の大合併」で近隣自治体と合併せず，人口 1,500 人のまま自立運営を続ける道を選んだ．そのときに掲げられたのが，「百年の森林（もり）構想」で，それまで50年かけて育ててきた人工林を活かし，木材に付加価値をつけて製品化し，村の主要な産業を作ることがミッションとされた．村では過疎化がすすみ，林業が衰退して，間伐が行われなくなっていた．牧氏は当時，コンサルタントとして村に関わっていたが，丸太のまま出荷していた木材を床材や食器，家具，割り箸などに加工してインターネット販売することを提案したことで，主体者として「株式会社西粟倉・森の学校」を設立し事業を開始することになった．

牧氏は京都府宇治市出身で，京都大学大学院農学研究科卒業後，民間のシンクタンクを経て，2005（平成17）年に株式会社アミタ持続可能経済研究所の設立から携わって所長となり，2006（平成18）年，西粟倉村の地域再生マネージャーに赴任した．2009（平成19）年に牧氏によって立ち上げられた「株式会社西粟倉・森の学校」は，当初は西粟倉の木材の利用と普及をめざして活動を開始．その後，移住者や村民によって，木材利用などを事業分野とするベンチャー企業の設立が相次ぎ，2010年代には西粟倉村は「ベンチャーエコシステム」の好事例として知られるようになった．

開発した商品には，たとえば「ユカハリ・タイル」がある．柱などには使えない，真っ直ぐではない杉や檜の間伐材の無垢の板を四角いタイルにして遮音シートを貼り，床材として販売した．床の上に敷き詰めることで，賃貸物件などでも手軽に木床にすることができ，今も定番商品として売れ続けている．他にも，スプーンなどのカトラリーを切り込みの入った角材から外し，ユーザ自身が削ったりヤスリをかけてから使う，「ヒトテマキット」や，間伐材を使った「ワリバシ」なども人気を博している．2010（平成22）年には「ニシアワー」というサイトを立ち上げてインターネット販売を開始し，2020（令和2）年現在では，西粟倉森の学校オンラインショップ（https://zaimoku.me/）として運営されている．

「西粟倉・森の学校」は，西粟倉村雇用対策協議会から移住・起業支援事業を受け継ぎ，2018（平成30）年，起業希望者のインキュベーションを行う「西粟倉ローカルベンチャースクール（LVS)」を設立した．LVSでは，自治体とLVSスタッフとメンターが全国からの起業希望者を支援して起業支援と移住促進の支援を行った．起業に伴い移住が必要となる場合には，地域おこし協力隊の制度を活用し，スタートアップ資金として最大3年間・月額約20万円の支給を行うなど，公的支援の枠組みも活用した積極的な支援が行われた．その結果，西粟倉で設立された企業数は約30社に上り，売上高は合計で約10億円，雇用は120人以上となった．

2016（平成28）年には，牧氏は西粟倉に限らず地域プラットフォームを構築することに特化した，A0（エーゼロ）株式会社を設立している．牧氏は，西粟倉の事例や知見は他の自治体でも活用可能であるとして，岡山県西粟倉村の他，北海道厚真町でも起業支援プログラムを展開している．

さらに西粟倉村では，2018年から仮想通貨を使った自治体ICOの導入を検討している．ICOとは，仮想通貨技術を使った「ICO（イニシャル・コイン・オファリング）」のことで，構想では，2021年までに村内の民間企業などが西粟倉トークンエコノミー協会を設立し，「西粟倉コイン」と呼ばれるトークンを発行し，投資家がトークンを仮想通貨で購入し，村の事業に投資することによって資金調達する仕組みを作り上げようとしている．金融庁の規制なども整っていないため実現の見通しは不透明であるが，実現すれば，従来のふるさと納税などとは異なる，仮想通貨を利用した自治体への新しい投資スキームになると期待される．

西粟倉村は以上のような取り組みにより，2013（平成25）年には内閣府から環境モデル都市に選定，2014（平成26）年には農林水産省からバイオマス産業都市に選定，2019（平成31）年には総務省のふるさとづくり大賞優秀賞を受賞し，2019（令和元）年には，内閣府のSDGs未来都市・自治体SDGsモデル事業に選定されている．

出所：

西粟倉村の統計（2020/3/1現在），http://www.vill.nishiawakura.okayama.jp/wp/news/%E8%A5%BF%E7%B2%9F%E5%80%89%E6%9D%91%E3%81%AE%E7%B5%B1%E8%A8%88/，閲覧日2020年3月10日

greenz.jp「「あなたはあなたらしく生きればいい」西粟倉「A0（エーゼロ株式会社）」牧大介さんがみつけた答えは，個人が目指したい幸せのかたちが起点になった地域づくり（2016. 04. 21）」，https://greenz.jp/2016/04/21/maki_mori/，閲覧日2020年3月10日

牧大介（エーゼロ代表取締役，西粟倉・森の学校代表取締役）「岡山県西粟倉・エーゼロ

「妄想すること」が起業の第一歩」『事業構想』2018 年 9 月号，https://www.projectdesign.jp/201809/local-venture/005337.php，閲覧日 2020 年 3 月 10 日
COLOCAL「西粟倉村・森の学校　Part1: 100 年の森を育み，商品を生み出す，村の営業部.（2013. 12. 17)」，https://colocal.jp/topics/think-japan/kaijirushi/20131217_27605.html，閲覧日 2020 年 3 月 10 日
岩下直行（京都大学公共政策大学院教授・日銀 FinTech センター初代センター長）「自治体 ICO について」『国際文化研修 2019 秋』vol. 105 寄稿，https://www.jiam.jp/journal/pdf/105-08-01.pdf，閲覧日 2020 年 3 月 10 日
日本経済新聞「自治体初の ICO　岡山・西粟倉村，地方創生の財源に資金集め・ガバナンス…，課題も多く（2018/7/25 20:00)」，https://www.nikkei.com/article/DGXMZO33383030V20C18A7EE9000/，閲覧日 2020 年 3 月 10 日
Through Me「井上達哉（西粟倉・森の学校）　西粟倉の森から日本の森へ飛び出すために，ヒラメキトキメク仲間が欲しい.（2016. 09. 26)」http://throughme.jp/hataraku_nishiawakura_inouetatsuya/，閲覧日 2020 年 3 月 10 日

西粟倉村（岡山県英田郡）「百年の森林（もり）」　地域バリューチェーン

外部力と内部力の新結合

地域固有の物語：Site Specific Storytelling
- 総面積の約95%が山林で，そのうち約85%は高度成長期に植林された杉や檜などの人工林，主な産業は林業という森林の村
- 「西粟倉ローカルベンチャースクール（LVS）」＝人材育成，インキュベーションの場であり，起業希望者を受け入れるという対外的アピールに

素材
- 杉や檜の間伐材（上質だが用途が限定）
- 村外の人材（起業希望者）
- 村の物語のファンの人々や投資希望者

加工・製造
- タイルやカトラリーなどの日用品に加工，さらに木質を活かした製品を開発
- 木質バイオマス発電への活用
- 仮想通貨の利用

販売サービス
インターネット販売
- 人材育成事業
- 厚真町など他地域への展開（A0株式会社）
- ICOによる資金調達

地域の重層的リーダーシップ
- 町による市町村合併拒否の意思決定と外部力活用の意向，支援策
- 牧大介氏の多大なる貢献［外部力（ヨソモノ）が内部力（ジモティ）化］
- 起業家達によるエコシステム［外部力（ヨソモノ）が内部力（ジモティ）化］
- 地元出身者も触発されて，域内の起業率が増加［内部力（ジモティ）］

地域コミットメント
- 「百年の森林（もり）」，「上質な森林」を合言葉に，森林を主要な資源としてビジネスを展開していく方針を決定（市町村合併を回避）

成果
- 2016年9月時点で「西粟倉・森の学校」の売上高は約2億円
- 西粟倉で設立された企業数は約30社に上り，売上高は合計で約10億円，雇用は120人以上に
- ローカルベンチャースクール（LVS）は，北海道厚真町でも地域起業支援プログラムを展開

岡山県移住ポータルサイトおかやま晴れの国ぐらし　西粟倉村　村鳥瞰
https://www.okayama-iju.jp/municipality/24nishiawakura/
閲覧日：2021年2月5日

18. 神山町（徳島県名西郡）「創造的過疎」

テーマ：「創造的過疎」〜最過疎のまちにアーティストやIT人材など創造的人材を呼び込むことで再生〜

基礎データ：人口5,188人，世帯数2,458（2020年3月1日現在），高齢化率49.50%（65歳以上・2015年）

文化や芸術を活用して交流人口や移住者の増加につなげているまちづくり事例として注目される．人口減少は不可避の所与条件として，創造的な人材や仕事を戦略的に外部から呼び込むことで生き残りを図ろうとする，「創造的過疎」のコンセプトを打ち出している．

事例の概要：

1999（平成11）年から行われている，神山アーティスト・イン・レジデンス（KAIR・国際芸術家村）の取り組みを中心として，交流人口や移住者の増加につなげた好事例である．1997（平成9）年，神山に「とくしま国際文化村」をつくる構想が徳島県によって検討された．文化村構想は実現しなかったが，この時に住民自らが設置した国際文化村委員会が母体となり，県・町の補助金によって，神山アーティスト・イン・レジデンス事業が開始された．国内外の芸術家を毎年3名町に招き，芸術作品や制作活動を見学する場をつくることで観光客を集め，教育・交流の場を生み出すという芸術家招聘事業で，毎年開催されている．過疎化を逆手にとり，廃校や空き家などを芸術活動や展示に活用して注目を集めている．国際文化村委員会は2004年にNPO法人グリーンバレーに活動を引き継ぎ，町から受託した移住支援事業や人材育成支援事業などを行っている．

2008（平成20）年には，欧米の芸術家に宿泊・アトリエを有償提供する事業を開始し，外国人芸術家に関心を寄せてもらうため，「イン神山」というWebサイトを公開した．その中でも人気のあったのが，神山町の古民家を紹介するコンテンツだった．大南氏は「インターネットに神山の物件情報の小窓が開いたことで，移住需要が顕在化した瞬間だった」と述べている（クラウドWatchインタビュー記事より）．しかし，移住需要があっても，仕事がなければ実際の移住は望めない．そこで考案されたのが，「ワークインレジデンス」という仕組みである．仕事を持った人に移住してもらうというもので，町にとって必要な職を持った人を逆指名することで創造的な人材を呼び込むことに成功した．神山町には「創造的過疎」というコンセプトがある．人口減少は不可避の所与条件として，創造的な人材や仕事を戦略的に外部から呼び込むことで生き残りを図ろうとする考え方である．

この「創造的過疎」というコンセプトを提唱したのは，国際文化村委員会の会長とNPO法人グリーンバレーの理事長を務めた大南信也氏である．神山町の地域活性化の立役者といえる．大南氏が神山町の活性化に取り組むようになった経緯は次の通りである．

> 大南氏は，1979年に留学先の米国スタンフォード大大学院を修了したのちに，家業の建設業を継ぐために神山町に戻った．しかし，町内の道路整備に従事しているとき，車の交通量が昔に比べ激減していることに気づき，まちづくりを意識するようになった．その後，母校の小学校のPTA役員を務めていたときに，戦前に米国より贈呈された「青い目の人形」の存在を知り，アリスプロジェクトとして人形の里帰り運動を実行した．この経験が転機となり，神山町で積極的な国際交流を進めるために「神山町国際交流協会」を設立し会長に就任した．その後，1997年に「とくしま国際文化村」に基づいて「国際文化村委員会」を組織した．特に，軸となった事業として環境（アドプト・プログラム）と芸術（神山アーティスト・イン・レジデンス）の2つの活動を始めた．（梅村2018）

神山町のもう1つの広く流布するイメージは，「IT企業のサテライトオフィス」である．こちらは遡ること 2004（平成 16）年，神山町・佐那河内村が連携して，山間部の情報格差，難視聴対策のためケーブルテレビ兼用の光ファイバー網を整備したことに端を発する．2005（平成 17）年 9 月には町内全域に光ファイバー網が敷設され，高速ネット環境が IT 企業を呼び込む呼び水となった．一番初めに神山サテライトオフィスを開設した IT 企業の Sansan は，2010（平成 22）年 10 月から同地で業務を行っているが，そのきっかけは同社の寺田親弘社長が，グリーンバレーと古民家再生を手がける須磨一清氏の大学時代の同期生だったことである．社員の働き方に課題を感じていた寺田氏は，須磨氏から神山の話を聞いて神山町を訪問，大南氏と出会いサテライトオフィスの設立を即決したという．

その後，同様の動きが徳島県内に広がり，2015（平成 27）年 9 月 1 日時点で，県内 5 市町に 31 社が 26 拠点のサテライトオフィスを設置，56 名の地元雇用を創出した．さらに 3 年間で 76 世帯 113 人が移住．2011（平成 23）年には初めて人口の社会増が社会減を超過，4 年間で 64 世帯 102 人が移住し，ICT による地方創生の成功事例として取り上げられる成果をあげた．2012 年以降は再び転出数が上回ったものの，以前と比べて転出と転入の差は小さくなっている．2019（平成 31）年 2 月 14 日に県が公表した値によると，県内のサテライトオフィス数は 64 社に上るという．1 年の半分以上の日数を徳島県内で勤務する従業者は 150 人で，うち 90 人ほどが地元に居住，他の 60 人ほどが行き来している従業者とみられるという．

これだけのサテライトオフィスが神山町および徳島県内に開設される理由としては，県によるサポートも影響している．県による「過疎地域等における SOHO 事業者等に対する補助制度」，事務機器や通信回線の使用料，不動産賃借料，3 人以上の地元雇用に対する補助金が 3 年間支払われるなどの支援制度がある．さらに，サテライトオフィスに位置づけられた企業は，一部航空会社での航空運賃割引や，徳島空港と行き来するカーシェアリングを利用できるなどの施策も行われている．

ここ数年の神山町ではさらに新しいプロジェクトが開始している．移住者が増えるにつれ，レストランなどサービス業での起業が増え，地域でつくられた農作物を使いたいというニーズが拡大していたことを受け，2016（平成 28）年に「地産地食」を謳う「フード・ハブ・プロジェクト」が始動した．地域の食に関するサービスを提供し，農作物を地域で食べるというコンセプトで，オーガニック農業による農産物を使ったレストランや，アムステルダムからの移住者が取り組む「神山ビールプロジェクト」，国内外からシェフを招き神山に半年間滞在してもらう「シェフ・イン・レジデンス」など，さまざまな取り組みが広がっている．

出所：

神山町「人口と世帯数　今月の人口（令和2年3月1日現在）」，https://www.town.kamiyama.lg.jp/office/juumin/residents/population.html，閲覧日 2020年3月10日

JMAP 地域医療情報システム「徳島県 神山町」，http://jmap.jp/cities/detail/city/36342，閲覧日 2020年3月10日

国土交通省観光庁「地域いきいき事例集 2009　個別事例 No.32 徳島県神山町　アートを活用したツーリズム」，http://www.mlit.go.jp/kankocho/shisaku/kankochi/ikiiki2009.html，閲覧日 2020年3月10日

梅村仁（大阪経済大学経済学部教授）「地方都市における IT 中小企業の集積と地域活性化―徳島県神山町を事例として―」『企業環境研究年報』No.23，2018年，https://www.doyu.jp/research/issue/yearly/23/021-033_umemura.pdf，閲覧日 2020年3月10日

クラウド Watch「初の人口社会増，相次ぐ視察――地方創生「神山の奇跡」はなぜ起きた？（2015/5/22 06:00）」，https://cloud.watch.impress.co.jp/docs/case/700175.html，閲覧日 2020年3月10日

総務省「ICT 地域活性化事例 100 選　日本の田舎をステキに変える「サテライトオフィスプロジェクト」 等」，https://www.soumu.go.jp/main_sosiki/joho_tsusin/top/local_support/ict/jirei/2017_073.html，閲覧日 2020年3月10日

小田宏信・遠藤貴美子・藤田和史「徳島サテライトオフィス・プロジェクトの政策形成とその展開」『成蹊大学経済学部論集』第50巻第1号（2019年7月），http://repository.seikei.ac.jp/dspace/bitstream/10928/1171/1/keizai-50-1_29-53.pdf，閲覧日 2020年3月10日

大南信也（NPO 法人グリーンバレー 理事長）「「創造的過疎」神山町の今　サービス・農業で続々新ビジネス」『事業構想』2018年5月号，https://www.projectdesign.jp/201805/local-design-2018/004879.php，閲覧日 2020年3月10日

神山町（徳島県名西郡）「創造的過疎」　地域バリューチェーン

外部力と内部力の新結合

地域固有の物語：Site Specific Storytelling
- 特産物はすだちだが，産業が農業だけでは限界
- 他に固有の地域資源を持たない人口減少が進む町
- 戦略的に芸術家，IT 技術者などの創造的人材を誘致し，創造的人材が惹きつけられ，滞在したい町というイメージを醸成

素材	加工・製造	販売サービス
・空家となった古民家 ・高速ネット環境 ・戦略的に誘致した，芸術家，IT 技術者などの創造的人材 ・地域の農作物	・リノベーション ・アートとの融合 ・web「イン神山」発信（物件情報掲載で移住需要が顕在化） ・マスコミによる発信	・アーティスト・イン・レジデンス ・ワークインレジデンス ・サテライトオフィス ・フード・ハブ・プロジェクト（「地産地食」）

地域の重層的リーダーシップ
- 大南信也氏（NPO 法人グリーンバレー理事長）は米国留学経験もある地元出身者［内部力（ジモティ）でありながら，外部力（ヨソモノ）視点も］
- トム・ヴィンセント氏，須磨一清氏，寺田親弘氏などの創造的人材がプロデュースに加わり，自らの拠点も同地に置いたこと［外部力（ヨソモノ）］
- 徳島県や町によるインフラ整備や助成，サテライトオフィスの誘致策

地域コミットメント
- 「せかいのかみやま」異文化や外国人を許容するオープンな文化
- 役所に頼り切らない自立心・逆指名によるコミットメント向上

成果
- 2011 年に初めて人口が社会増に転じた
- 2015 年 9 月 1 日までに県内 5 市町に 31 社が 26 拠点のサテライトオフィスを設置，56 人の地元雇用を創出
- 2019 年 2 月 14 日時点で，県内のサテライトオフィス数は 64 社，1 年の半分以上の日数を徳島県内で勤務する従業者は約 150 人で，うち 90 人ほどが地元に居住，他の 60 人ほどが行き来している従業者とみられる

神山アーティスト・イン・レジデンス（KAIR）作品
筆者撮影
撮影日：2015 年 9 月 26 日

19. 上勝町（徳島県勝浦郡）「葉っぱビジネス」「ゼロ・ウェイスト」

テーマ：「葉っぱビジネス」「ゼロ・ウェイスト」～持続可能な独自の取り組みで高齢者を元気にし，視察者が絶えないまち～

基礎データ：人口 1,510 人，世帯数 765，65 歳以上の高齢者 794 人，高齢化率 52.58%（2020 年 1 月 1 日現在）

「葉っぱビジネス」の愛称で，高齢化率が 50% 以上の過疎の町において高齢者の活力と IT 技術を活用し一次産業の新たな可能性を拓いた事例として注目されている．また，焼却・埋め立てに頼らないごみゼロに移行することをめざす，ゼロ・ウェイスト宣言を行った町としても知られる．

事例の概要：

町全体の人口は 1,500 人程度で高齢化率が 50% 以上と過疎化と高齢化が進むが，地域活性型農商工連携の事例として知られている．1980 年代に上勝町の主力農産物だったみかんが寒波により枯れてしまい，みかんに変わる農産物として「つまもの」を生産するようになり，これが「葉っぱビジネス」として全国に名を馳せるようになった．

「つまもの」は軽いため高齢者や非力な女性でも楽に農作業や出荷作業ができる．また，パソコンやタブレット端末を活用した「上勝情報ネットワーク」により，農家自らが品目別の市価や売上などを確認し，出荷品目を調整することにより，商品の高付加価値化を実現している．また，そのことにより農家のやる気や競争意欲が伸長され，高齢者が生き生きと働ける場をつくり出している．老人ホームの利用者が減り，町営の老人ホームは廃止された．

「葉っぱビジネス」をつくり上げ，現在も「上勝情報ネットワーク」などを運営しているのは，元 JA 職員だった横石知二氏が立ち上げた「株式会社いろどり」である．「株式会社いろどり」では，町の交流人口や移住人口を増やすためのインターンシップ事業も行っており，これまでに 600 人以上を受け入れ，約 30 人が町内に移住している．

上勝町が注目を集めているもう 1 つの理由が，「ゼロ・ウェイスト」宣言である．上勝町は 2003（平成 15）年に国内の自治体として初めて「ゼロ・ウェイスト宣言」を出し，地域をあげたごみゼロの取り組みを行っている．宣言では，「2010 年を目標としたオーストラリアのキャンベラ，カナダのトロント，また 2020 年を目標としたアメリカのサンフランシスコ，さらにはニュージーランドにおける半数以上の自治体のように具体的な長期目標を掲げる「ゼロ・ウエイスト宣言」を採用し，2020 年までに焼却・埋め立てに頼らないごみゼロに移行することをめざ」すとしている．町ではごみの収集はしておらず，町民自ら町内唯一のごみステーションまでごみを運び，45 分類に分別している．「ゼロ・ウェイスト」は町による町内だけの取り組みでは限界があり，全国や全世界に広げていく必要があったため，2005（平成 17）年には特定非営利活動法人ゼロ・ウェイストアカデミーが発足した．

上勝町と，町内に拠点をおく特定非営利活動法人ゼロ・ウェイストアカデミーは，「ゼロ・ウェイスト」に関わる啓発活動を広く行うほか，本人にとって不要でも他の人が使えそうなものを扱うごみステーション内に併設されたリユースショップ「くるくるショップ」の運営などを行っている．

さらに，ゼロ・ウェイストに取り組む事業所を独自の基準で公的に認証する「ゼロ・ウェイスト認証制度」を 2017（平成 29）年 4 月より開始した．LOCAL FOOD（地産地消によるごみ発生抑制），RETURNABLE（調達におけるごみ発生抑制），IDEA（おしぼり等無料サービスでのごみ発生抑制），OPEN for ACTION（利用者がごみの削減・分別に取り組める工夫），BYO（利用者のマイボトルやマイ容器持ち込みによるごみ発生抑制），LOCAL REUSE（再利用を通じたごみ発生抑制・資源循環）の 6 項目について審査され，ゼロ・ウェイストアカデミーが行う研修の受講や 1 年毎の更新などが必要となる．ゼロ・ウェイストアカデミーは環境省主催の「第6回グッドライフアワード」で最優秀賞を受賞している．

町の取り組みを視察するために年間約2600人の視察者が訪れていることから，このほど上勝町の取り組みを視察者が体験できる施設「WHY（ワイ）」が，ごみステーションに併設する形でオープンすることになった．「WHY（ワイ）」は，「bills」など70以上のレストラン運営や，GENBI SHINKANSENなどのプロデュースも行う，トランジットジェネラルオフィスが手がける．上勝町にある量り売り食品店とブルワリーを兼ねた「RISE & WIN BREWING CO. BBQ & GENERAL STORE」も同社が旧上勝百貨店をリニューアルしたものである．上勝町で伐採された杉材や不要になった建具や家具などが利用され，ラーニングセンター，研究施設やアドベンチャー＆エコロジーツーリズムの案内所，視察者のための宿泊施設を備える．宿泊施設「ゼロ・ウエイストアクションホテル“HOTEL WHY”」は，2020（令和2）年5月30日にオープンした．

上勝町は2018（平成30）年6月15日，SDGsの達成に向けた優れた取り組みを行う町として，内閣府による「SDGs未来都市」にも選定されている．

出所：

上勝町「人口状況（住民基本台帳）（公開日2020年2月3日）」，http://www.kamikatsu.jp/docs/2011012800173/，閲覧日2020年3月10日

株式会社いろどり「いろどりストーリー」，https://www.irodori.co.jp/asp/nwsitem.asp?nw_id=2&design_mode=0，閲覧日2020年3月10日

上勝町ゼロ・ウェイスト宣言（平成15年9月19日），http://www.kamikatsu.jp/zerowaste/sengen.html，閲覧日2020年3月10日

WHY，https://why-kamikatsu.jp/，閲覧日2020年3月10日

ゼロ・ウェイストアクションホテル「“HOTEL WHY” 2020年4月25日グランドオープン」，https://reserva.be/whykamikatsu，閲覧日2020年3月10日

特定非営利活動法人ゼロ・ウェイストアカデミー「「ゼロ・ウェイスト認証制度」開始と項目公開のお知らせ　プレスリリース　2017年4月20日」，http://blog.zwa.jp/?eid=1189，閲覧日2020年3月10日

総務省「地域力の創造・地方の再生　平成20年度優良事例集」，https://www.soumu.go.jp/main_sosiki/jichi_gyousei/c-gyousei/jirei_h20.html，閲覧日2020年3月10日

第6回グッドライフアワード 環境大臣賞 最優秀賞　ごみをごみで無くす「ゼロ・ウェイス

ト」特定非営利活動法人ゼロ・ウェイストアカデミー，https://www.env.go.jp/policy/kihon_keikaku/goodlifeaward/report201801-zerowaste.html，閲覧日 2020 年 3 月 10 日

「平成 29 年度版ゼロ・ウェイストアカデミー年次活動報告書」，http://zwa.jp/wp/wp-content/themes/zwa/assets/pdf/H29_zwa_disclosure.pdf，閲覧日 2020 年 3 月 10 日

上勝町（徳島県勝浦郡）「葉っぱビジネス」「ゼロ・ウェイスト」　地域バリューチェーン

外部力と内部力の新結合

地域固有の物語：Site Specific Storytelling
- 固有の地域資源に乏しい高齢化・過疎化の進んだ限界集落
- 「葉っぱビジネス」による高齢者の生きがいと経済効果の創出
- 限界集落ゆえにごみ処理などの公共サービス提供が限界に近づき，2003年から2020年までに「ゼロ・ウェイスト」を目指した

素材	加工・製造	販売サービス
・葉っぱ	・季節感や品質の考慮	・つまもの（料亭向け）
・高齢者	・IT 活用マーケティング	・地産地消の認証制度
・地域のごみ	・ごみ分別による3R	・「くるくる工房」
・間伐木材	・ブルワリー	・象徴としての量り売り店
・地域の食材	・木質バイオマス発電	・「WHY（ワイ）」

地域の重層的リーダーシップ
- 株式会社いろどりの横石知二氏による「葉っぱビジネス」の創造［内部力（ジモティ）］
- 特定非営利活動法人ゼロ・ウェイストアカデミーによる「ゼロ・ウェイスト」の主導［外部力（ヨソモノ）が内部力（ジモティ）化］
- 町営の視察者向け施設「WHY（ワイ）」をトランジットジェネラルオフィスがプロデュース［外部力（ヨソモノ）］

地域コミットメント
- 葉っぱビジネスが全国の注目を集めたことで，地域活性化の成功例に
- 町が2003年に「上勝町ゼロ・ウェイスト宣言」を発表し，その旗印の下，町民がごみの分別やリユース・リサイクルに積極参加

成果
- いろどりの年商は2億6,000万円，年間売上1,000万円を超える生産者も
- インターンシップ事業で600人以上を受け入れ，約30人が町に移住
- 2019年の転入者数は48人
- 2017年度の焼却量は前年比約2トン減，約7,760kgの廃棄物がリユースされた
- 総務省の地域再生優良事例集，環境省のグッドライフアワード，内閣府のSDGs未来都市などの選定・受賞

葉っぱビジネス（収穫作業）
筆者撮影
撮影日：2013年9月23日

20. みやまスマートエネルギー（福岡県みやま市）「日本版シュタットベルケ」

テーマ：「日本版シュタットベルケ」〜日本初の自治体による電力売買事業会社〜

基礎データ：福岡県みやま市，人口37,475人，世帯数14,389（2019年3月末），高齢化率34.80%（65歳以上・2015年）

少子高齢化に伴い公共インフラの維持が課題となる日本では，公共インフラ事業を自治体出資で行うドイツの「シュタットベルケ」（Stadtwerke）への関心が寄せられている．みやま市の電力事業は「日本版シュタットベルケ」と呼ばれ，その動向が注目されている．

事例の概要：

みやま市は2007年1月に瀬高町，高田町，山川町が合併して発足した，福岡県南部に位置する自治体である．毎年，町の人口の1%以上にあたる500人程度の人口が減り続けており，人口減少が最大の課題となっていた．中でも，転出が転入を上回る「社会減」が年間200人前後で推移しており問題視されてきた．人口動態は，2014（平成26）年度は261人，2015（平成27）年度は127人，2016（平成28）年度は231人，2017（平成29）年度は76人，2018（平成30）年度は18人の社会減となっている．

このような状況を打開するために開始されたのが，みやまスマートエネルギー株式会社による「地域新電力・市民サービス事業」である．みやまスマートエネルギー株式会社は，2015年（平成27）年2月18日に，福岡県みやま市，九州スマートコミュニティ株式会社（現・みやまパワーHD株式会社），株式会社筑邦銀行が出資し，設立された．特筆すべきは，市が過半を出資（55%）しているという出資比率であり，日本初の自治体による電力売買事業会社といえる（出資比率は，福岡県みやま市（55%），みやまパワーHD株式会社（40%），株式会社筑邦銀行（5%））．

みやま市のエネルギーに関する取り組みとしては，2010（平成22）年3月に環境関連施策・事業の基本方針として「みやま市環境基本計画」が策定され，2012（平成24）年度に再生可能エネルギー導入可能性調査，2013（平成25）年度に生ごみ・し尿汚泥系メタン発酵発電設備導入可能性調査などが行われ，2014（平成26）年7月には「みやま市バイオマス産業都市構想」が策定された．2011（平成23）年に東日本大震災が発生して以来，再生可能エネルギーの活用や，地域におけるエネルギーの自産自消に注目が集まっていた．みやまスマートエネルギーでは，法人の太陽光発電設備や個人の屋根上太陽光発電設備で発電されたエネルギーを買い取り，契約者に供給している．

みやまスマートエネルギーは設立にあたり次の3つのコンセプト・ビジョンを掲げた．

まず，環境との調和を図るため地域に存在する再エネ，市民が持つ再エネを最大限の活用を進めていくこと，さらには，自治体が他の自治体とも広域に連携し，自治体間（自治体シュタットベルケ間）で再エネを融通する仕組みを整えそれらの運営は外部に委託することなく行い，地域の雇用で地域にノウハウをためていくことである．

2つ目は，エネルギーや地域経済を循環すること，である．地域の再エネを面的に利用し，さらにはFITにも頼らず再エネの導入を進めることである．エネルギーの利用効率を高めるためには，各家庭のエネルギーデータをビッグデータとして取得・分析し，自治体に対しても効率化の施策を提案していくというものである．データを活用して地域全体の省エネを進め，CO2削減に寄与する考えはドイツのシュタットベルケにも共有する部分である．

3つ目は，電力契約者として参加する住民が，住みやすさが実感できるようなサービスを受け，全体として暮らしやすいまちづくりにつなげていくという点である．こいうった市民に寄り添ったサービスの提供は日本独自の進化として，いま，ドイツからも大変注目を浴びている．みやまスマートエネルギーが提供するサービスは，「電力データを利活用したサービス」として高齢者や子供の見守りサービス，生活に密着した「暮らしサポートサービス」として暮らし御用聞きサービスが，そして「行政連携サービス」として行政情報・災害情報・地域情報の配信，「地域振興サービス」として市内商工業者と提携したバーチャル商店街および地域コミュニティ施設の運営による6次産業品の企画開発などを行っている．まさに，電力の売買で市民とともに地域課題解決を担う事業を展開している．
（『土地総合研究 2017年秋号』 みやまスマートエネルギー株式会社代表取締役磯部達氏寄稿より引用）

ここで言及されている「シュタットベルケ」(Stadtwerke) とは，ドイツにおいて，電力，ガス，水道，公共交通などの公益事業を自治体が出資して行う，公社を指す総称である．国土交通省によれば，ドイツ国内には1,400を超えるシュタットベルケが存在し，そのうち900社以上が電力事業を実施しており，民間企業に対する競争力を持って，地域におけるまちづくりを担っている．日本では，民間企業が電力，ガス，交通などのインフラ事業を担ってきた経緯があるが，電力小売自由化や電力固定買取制度が開始され，新電力と呼ばれる新たな電力会社の設立が増加してきた．なかでも，みやまスマートエネルギーなどの自治体による電力会社は，「日本版シュタットベルケ」と呼ばれ，その動向が注目されている．

他に自治体が関与している新電力や熱供給のプロジェクトには，福島県新地町の新地スマートエナジー（株），神奈川県小田原市のほうとくエネルギー㈱，湘南電力㈱，奈良県生駒市いこま市民パワー（株），鳥取県米子市ローカルエナジー（株），熊本県荒尾市の有明エナジー（株）などがある．これらの中で最も高い自治体出資率であるのは，みやまスマートエネルギーである．

事業の効果であるが，2017（平成29）年3月期は繰越欠損額35,907千円，純資産額▲15,907千円の債務超過となっていた．その後，法人向け契約を伸ばして売上が増加し，2018（平成30）年3月期は単年度黒字に転換した．2019（平成31）年3月期には債務超過は解消予定となっている．事業開始から3年間で33人の雇用を創出し，次の市民サービス事業を行っている．

みやまスマートエネルギーが行う市民サービス事業

- コミュニティスペース「さくらテラス」を運営し，レストランやアンテナショップで地産地消と6次産業化を推進するとともに，環境教育やイベント等を実施.
- 地元の事業者と協力して，市民への無料配布タブレット端末を用いたネットショッピングサービス「みやま横丁」を運営.
- HEMSを活用した高齢者見守りサービスを実施.
- 日常の困りごとの解決をサポートする暮らしのよろず相談窓口「なんでもサポートすっ隊」を運営し，さまざまな生活支援サービスを提供.

また，みやまスマートエネルギー株式会社は，みやま市および近隣自治体向けだけでなく，全国の自治体と協定を結び，発電事業や電力供給を行っている．たとえば，東京都港区と福島県白河市・山形県庄内町・福岡県みやま市は，再生可能エネルギー活用に関する協定を結んでおり，東京都港区の公共施設へ，福島県白河市の太陽光による再生可能エネルギー由来の電気を供給している．また，2019（平成31）年4月には東京都環境公社とみやまスマートエネルギー株式会社が協力して行っているバイオマス発電と太陽光発電に由来するFIT電気を，すでに供給を行っている東京都環境科学研究所と東京スイソミルに加えて，檜原都民の森（東京都檜原村）にも供給することが発表された．

2019（令和元）年11月25日には，環境省主催の「第7回グッドライフアワード」で，「地域資源を活かした資源循環のまちづくり」の表題で，みやま市が環境大臣賞優秀賞を受賞している．

出所：

みやま市市民課「人口の推移および人口動態」，https://www.city.miyama.lg.jp/info/prev.asp?fol_id=1768，閲覧日2020年3月10日

JMAP地域医療情報システム「福岡県 みやま市」，http://jmap.jp/cities/detail/city/40229，閲覧日2020年3月10日

みやまスマートエネルギー株式会社，http://miyama-se.com/company，閲覧日2020年3月10日

活力ある地方創生を目指した地域新電力の挑戦（2016年7月16日），http://www.econ.kyoto-u.ac.jp/renewable_energy/ider-project.jp/stage2/feature/00000149/report01.pdf，閲覧日2020年3月10日

みやまスマートエネルギー株式会社 代表取締役 磯部 達（いそべ たつし）「寄稿 まちづくり活動と自治体シュタットベルケのかかわりについて」『土地総合研究』2017年秋号，http://www.lij.jp/html/jli/jli_2017/2017autumn_p074.pdf，閲覧日2020年3月10日

国土交通省都市局「エネルギー施策と連携した持続可能なまちづくり事例集（平成31年3月）」，http://www.mlit.go.jp/toshi/city/sigaiti/content/001314127.pdf，閲覧日2020年3月10日

芳賀普隆「スマートコミュニティ事業を担うステークホルダーの役割―福岡県みやま市を事例として―」『長崎県立大学論集（経営学部・地域創造学部）』第50巻第4号，2017年，http://reposit.sun.ac.jp/dspace/bitstream/10561/1269/1/v50n4p87_haga.pdf，閲覧日2020年3月10日

福岡県みやま市，みやまスマートエネルギー株式会社，エヌ・ティ・ティ・コムウェア株式会社，西日本電信電話株式会社九州事業本部，ドコモ・ヘルスケア株式会社，株式会社ティップネスによる，健康増進サービスの共同トライアル実施（実施期間：2016年4月20日（水）〜2016年5月18日（水））（2016年3月31日 プレスリリース），https://www.nttcom.co.jp/news/pr16033101.html（https://www.tipness.co.jp/co/news/archive/?f=pr20160331_miyamashi_trial.pdf）（https://prtimes.jp/main/html/rd/p/000000019.000012247.html），閲覧日2020年3月10日

福岡県みやま市「第三セクター等経営健全化方針（2019年3月）」，http://www.city.miyama.lg.jp/file/temp/7126733.pdf，閲覧日2020年3月10日

東京都「檜原都民の森へ再生可能エネルギー由来のFIT電気を供給（2019年4月17日）」，https://www.metro.tokyo.lg.jp/tosei/hodohappyo/press/2019/04/17/04.html，閲覧日2020年3月10日

みやまスマートエネルギー（福岡県みやま市）「日本版シュタットベルケ」 地域バリューチェーン

外部力と内部力の新結合

地域固有の物語：Site Specific Storytelling
- 毎年人口の1%にあたる500人前後の人口が減少し，高齢化も進む
- 九州は日照時間が長く太陽光発電には適している
- 遊休地（元の工業用地）を活用し，メガソーラーを建設

素材	加工・製造	販売サービス
・太陽光発電の電力（自社発電および契約先から買取） ・HEMSとタブレット端末（家庭向け電力管理システム）	・電力使用状況から住民の異状を察知 ・タブレット端末からよろずお手伝いサービスを依頼できる ・エネルギーデータを分析し自治体に効率化を提案 ・全国の自治体と協定	・高齢者見守り ・「なんでもサポートすっ隊」 ・協力自治体と組んで全国に電力供給 ・さくらテラスを通じてまちづくりの取り組みも強化

地域の重層的リーダーシップ
- 磯部達氏（みやまスマートエネルギー株式会社代表取締役）の事業コンセプト・ビジョン
- みやま市による55%出資，日本初の自治体が運営する新電力

地域コミットメント
- 日本版シュタットベルケの先鋒
- 発電・売買電より住民向けサービス，高齢化の進む地域で見守りや地域交流の機能を提供する地域活性化の主要な担い手

成果
- 2015年に開業後3年で，2018年3月期には単年度黒字化を達成
- 事業開始から3年間で33人の雇用を創出
- 地元地域のみならず，日本全国の自治体と協定を結び，「日本版シュタットベルケ」モデルを広めている

みやま市エネルギー政策課
https://www.city.miyama.lg.jp/info/prev.asp?fol_id=13252
閲覧日：2021年1月29日

みやま市産業・ビジネス　ようこそ「みやま」へ
https://www.city.miyama.lg.jp/info/prev.asp?fol_id=2963
閲覧日：2021年2月5日

21. シタテル（熊本県熊本市）「その服は、つくれる。」

テーマ：「その服は、つくれる。」～IT 活用とマッチングプラットフォームによる中小零細縫製事業者の再生～

基礎データ：熊本県熊本市，人口 587,816 人（2015 年国勢調査）

かつて縫製産業が盛んであった熊本市の縫製工場は，海外生産の増大により苦しい経営状況に陥っていた．sitateru は服を作りたい人と高い技術をもつ縫製工場のマッチングプラットフォームであり，IT を諸所に活用した仕組みや，多様化やオンデマンド化に対応した実現力が好評を博している．

事例の概要：

シタテル株式会社は 2014（平成 26）年 3 月，熊本市で設立された，衣服生産プラットフォームを展開するベンチャー企業である．衣服を生産したい個人・アパレル事業者・メーカー等に向けたマッチングプラットフォームにより，多様な服づくりを可能にするサービスを提供している．

アパレル業界は取引構造が多重化しており，メーカーと縫製工場までの間に商社や卸売業者，企画会社など，多数の中間業者が介在している．また，近年では海外生産も進んでおり，国内縫製工場は大手メーカーやサプライチェーンの上流からの仕事を受けるのみで，繁忙と閑散のコントロールができないなど，高い技術をもつにもかかわらず，苦しい経営状況に陥っていた．IT 化も進んでおらず，生産管理や関係者間の連絡は手動や電話等のアナログな手段で行われている例も多い．さらに，縫製工場の製造ロットは大手メーカー向けの大量生産が中心で，小ロットへの対応が進んでいなかったため，受注した製品を納品して売上を回収するまでの期間も長くなり，資金繰りにも影響していた．一方，大手メーカーなど以外で，服をつくりたいと考える法人や個人にとっては，業界構造が複雑で慣習の理解が難しく，参入が難しい分野となっていた．シタテルを起業した河野氏は，コンサルタントとして業界に関わるなかでこれらの問題を把握し，IT 活用とプラットフォームによるマッチングによって解決できると考え，自ら会社を設立し，衣服業界のプラットフォーム提供に取り組み始めた．

服をつくりたい依頼者が，細かい要望をプラットフォームに入力すると，サービスが工場の生産キャパシティや繁忙，生地や資材やロット，納期などをきめ細かく考慮して，熊本を中心とした全国の縫製工場の中で最適な工場につなぐ．これにより，依頼者にとっては短納期・高品質で小ロットからの多様な服づくりが可能となり，一方で，諸外国への製造拠点移転で余剰リソースをもて余していた全国の中小零細縫製工場に仕事と IT 化の効果をもたらしている．総務省の地域 IoT 実装推進事業などにも採択され，余剰リソースと IT 技術活用による地域活性化の事例として注目されている．

シタテルでは，中小零細縫製事業者をデータベース化し，インターネットから利用する SCS（シタテル・コントロールシステム）を通じて，服をつくりたい依頼者とのマッチングを行っている．生産においては，アパレルの専門知識をもつシタテル・コンシェルジュと呼ばれる専属スタッフが付き，素材や納期，ロット数などを考慮してアパレル企業やブランドと縫製工場をマッチングするとともに，依頼から生産までをワンストップサポートしている．

成果については，総務省の事例紹介に次の通りまとめられている．

［創業・設立：2014 年 3 月→2017 年 12 月での変化］
- 登録事業者数 100 社→5,400 社
- 事業内の市場流通総額 5,000 万円→約 30 億円
- 連携工場 5 工場→300 工場
- 関連雇用数 150 人（1 工場 30 人とした場合）→9,000 人

・**平均量産生産リードタイム約70日→46日**

（総務省　ICT地域活性化ポータル　地域ビジネス　ICTによる衣服生産のプラットフォーム）

2020（令和2）年2月までの成果としては，プラットフォームを1万5,000社が利用，約900の縫製工場と連携しているとのことである．

2020年1月からは，企業の制服・ユニフォーム制作するサービス「CSTM WORKWEAR」を，2020年2月からは，EC開設から商品発送までサポートする新サービス「スペック（SPEC）」を提供している．スペックでは，製品の企画サポート，サンプル作成，サンプルの撮影，ECサイトへの掲載，注文受付，発送までを，シタテルが請け負い，生産は受注生産で行う．利用には初期費用がかからないこともあり，非アパレル企業やユーチューバーといったアパレルのノウハウがない個人からの衣服生産受注を見込んでいる．

出所：

総務省ICT地域活性化ポータル地域ビジネス「ICTによる衣服生産のプラットフォーム」，https://www.soumu.go.jp/main_sosiki/joho_tsusin/top/local_support/ict/jirei/2017_038.html，閲覧日2020年3月10日

FASHONSNAP.COM「シタテルがEC開設から商品発送までサポートする「スペック」本格稼働，非アパレル企業の衣服生産促進（2020年02月03日20:20 JST）」，https://www.fashionsnap.com/article/2020-02-03/sitateru-2020/，閲覧日2020年3月10日

経済産業省九州経済産業局「九州IoT活用事例集2017　Case06あたらしい衣服生産のプラットフォーム　シタテル株式会社」，https://www.kyushu.meti.go.jp/seisaku/jyoho/iot/jirei/case06.pdf，閲覧日2020年3月10日

シタテル（熊本県熊本市）「その服は，つくれる。」　地域バリューチェーン

外部力と内部力の新結合

地域固有の物語：Site Specific Storytelling
- 熊本市には技術力の高い縫製工場が多く存在しているが，アパレル業界は取引構造が多重化，取引慣行が硬直化しており，縫製工場の多くはサプライチェーンの下流で苦しい経営状況を余儀なくされていた
- さらに近年は海外生産の影響もあり存続の危機に瀕していた
- IT化も進んでいなかった

素材	加工・製造	販売サービス
・複雑な業界構造 ・業界内のIT化の遅れ ・国内中小縫製工場 ・多様で小ロットからの服を作りたい法人や個人	・ITプラットフォームSCSで依頼者と縫製工場をマッチングし，中間業者を中抜き ・コンシェルジュによるワンストップサービス	・インターネットを活用したサービス提供 ・アパレルのノウハウを持たない法人や個人にも服作りの機会を提供し，サポート

地域の重層的リーダーシップ
- シタテルの河野秀和代表取締役の問題意識とリーダーシップ，問題解決と地域活性化にもつながるビジネスモデル［外部力（ヨソモノ）］
- ベンチャーキャピタル，総務省，経産省などの支援，メディア報道
- 中小零細縫製工場による，生き残りをかけたプラットフォームへの参画

地域コミットメント
- 業界慣行の打破と先進的なIT活用により，地域の産業と雇用を守る

成果
［創業・設立：2014年3月→2017年12月での変化］
- 登録事業者数100社→5,400社
- 事業内の市場流通総額5,000万円→約30億円
- 連携工場5工場→300工場
- 関連雇用数150人（1工場30人とした場合）→9,000人
- 平均量産生産リードタイム約70日→46日

［2020年2月まで］
- 1万5,000社が利用，約900の縫製工場と連携

シタテルwebページ　「服はつくれる。」シタテルなら。
地域しごと創生会議第4回，平成28年3月12日，事例発表（1）IoTを活用した新たな企業間連携の促進，①シタテル株式会社　河野秀和代表取締役
https://www.kantei.go.jp/jp/singi/sousei/meeting/chiiki_shigoto/h28-03-12-siryou3-1.pdf
閲覧日：2021年1月29日

22. 黒川温泉（熊本県阿蘇郡南小国町）「黒川一旅館」

テーマ：「黒川一旅館」～景観づくりと湯めぐり入湯手形による温泉地の着地型観光の元祖～

基礎データ：観光入込客数1,087,556人（宿泊客数381,147人，日帰り客数706,409人）（2018年度），※南小国町の人口は約4,000人

比較的小規模で交通利便性も良くないにもかかわらず，日本屈指の温泉地である黒川温泉では，「黒川一旅館」というコンセプトの下，温泉街全体を1つの旅館に見立てて必要な機能を充足しようとする考え方で地域振興を進めてきた．持続的に観光客を集める「着地型観光」の一類型として注目される．

事例の概要：

黒川温泉は熊本県阿蘇郡南小国町にある温泉地である．旅館は30軒で共同浴場が2箇所と規模が比較的小さく，高速道路からも駅からも遠く交通の利便性も高くないにもかかわらず，日本でも屈指の温泉地となっている．温度80度から98度の硫黄泉は「疵湯（きずゆ）」と呼ばれて切り傷に特効があるとされ，1960（昭和35）年，6軒の旅館から開始した鄙びた一湯治場であった．1964（昭和39）年に大分の別府から阿蘇に至る「やまなみハイウェイ」が開通し，国民保養温泉地に指定されると一時期，多くの客が訪れるようになったが，ブームは一時で去り，ほとんどの旅館は経営困難に陥った．そのようななか，唯一繁盛を続けたのが，のちに黒川温泉のドンと呼ばれるようになる後藤哲也

氏が経営する新明館であった．後藤氏は自ら裏山に奥行30 mもある洞窟を掘り進め，温泉を引いて洞窟風呂をつくり，自然を感じさせる露天風呂としたところ，これが客に評判となった．後藤氏のテーマは「自然の雰囲気」で，自然と田舎情緒を大切にする温泉地づくりは現在の黒川温泉に通じる理念となっており，黒川温泉には古き良き日本の田舎の景観が注意深く維持されている．

その後，新明館だけが繁栄しても温泉地全体の発展にはつながらず結果として儲からないことから，「一軒で儲かるのではなく，地域全体で黒川温泉郷を盛り上げたい」と，1986（昭和61）年より旅館組合の組織を再編した．まずは景観づくりからということで，「看板班」「環境班」「企画広報班」の3つに分かれて地域全体の改革に取り組み始めた．折しも，Uターンや婿入りなどで，30歳代を中心とした旅館の二代目，三代目が揃っており，若い世代が中心となり，新しい発想で取り組みを進めた．看板班は，当時乱立していた統一感のない看板200本をすべて撤去し，統一共同看板に変えた．環境班は，当時スギ山があるだけで殺風景だった温泉郷を「絵になる風景にしよう」と剪定や植樹を行い，さらに後藤氏の指導の下，露天風呂づくりを進めた．企画班は，敷地の制約上，露天風呂をつくることができなかった2軒の宿のために，黒川温泉のすべての露天風呂を利用できる「湯めぐり入湯手形」を発案した．これらによって，「露天風呂めぐりの黒川温泉」というブランドがつくられた．

入湯手形は評判となり，売上も年々増加していくなかで，秘湯ブームもあいまって多くのメディアに取り上げられ「露天風呂の黒川温泉」は全国ブランドとなった．宿泊者数は1999（平成10）年には30万人に届くほどまで増加し，1980年代から組合をあげて取り組んできた活動も，(1) 緑豊かな景観，(2) 入湯手形による露天風呂めぐり，(3) 感謝祭と女将やスタッフへの研修，の3つを軸に継続していくことで成果をあげていった．「黒川一旅館」のコンセプトはこの時期につくられたもので，「黒川一旅館」とは30軒の宿と里山の風景すべてを「一つの旅館」に見立てるコンセプトである．一つひとつの旅館は「離れ部屋」で，旅館をつなぐ小径は「渡り廊下」と見立てている．「黒川一旅館」のコンセプトと「湯めぐり入湯手形」により，いわゆる「着地型観光」の1つの類型が完成した．

2000年代に入ると，3代目に相当する30代の若手が跡継ぎとして増え，組合では「明るさと元気，原点回帰」をテーマとして活動を開始した．2003（平成15）年には，宿泊者数40万人，推定入込客数120万人のピークを記録した．2016（平成28）年に発生した熊本地震の影響で，交通上の理由や風評被害などから観光客が減少した時期もあったが，2018（平成30）年には，ほぼ地震前の水準まで戻り，現在も人気の温泉地となっている．

出所：

南小国町「南小国町の観光客数」，http://www.town.minamioguni.kumamoto.jp/profile/figures/000544.php，閲覧日2020年3月12日

黒川温泉とは，https://www.kurokawaonsen.or.jp/about/，閲覧日2020年3月12日

新田時也・脇川達哉「着地型観光の「売り方」に関する一考察」『東海大学経営学部紀要』第2号（2014/10/31），http://www.dobm.u-tokai.ac.jp/kiyou/ronbun2014/04_nitta.pdf，閲覧日2020年3月12日

後藤哲也『黒川温泉のドン後藤哲也の「再生」の法則』朝日新聞社，2005年2月

黒川温泉（熊本県阿蘇郡南小国町）「黒川一旅館」　地域バリューチェーン

外部力と内部力の新結合

地域固有の物語：Site Specific Storytelling
- 1960年代後半から1980年代前半まで続いた先の見えない停滞から，1980年代後半・1990年代にはV字回復を遂げ，温泉街の活性化として全国に類をみないような高い成果をあげた

素材
- 温泉
- 個々の旅館
- 交通不便な僻地

加工・製造
- 日本の原風景や野趣のため看板，植栽，まちなみなどを整備
- 露店風呂の建設
- 成功している観光地の視察と知見の取込

販売サービス
- 入湯手形による滞在・周遊型観光実現
- 旅行雑誌やサイトなどへの広告戦略
- 県外やインバウンドの観光客への訴求

地域の重層的リーダーシップ
- キーマンの後藤哲也氏は，自然の雰囲気を重視するという大きな方向性を示し，露店風呂や植栽などの統一と拡充を主導［内部力（ジモティ）］
- Uターンや婿入りなどで加入した30代メンバーを中心に，主要メンバーの若返りを図りながら改革に取り組み続けている［外部力（ヨソモノ）が内部力（ジモティ）化］

地域コミットメント
- 「黒川一旅館」のコンセプトの下，組合が中心となり温泉街全体の統一感づくりや，共に栄える取り組みを進めてきた
- 収益の確保が新たな投資余地を生むという好循環の形成

成果
- 小規模で交通不便な温泉街ながら，温泉街の地域活性化の筆頭事例として全国に名を轟かせる
- 宿泊者数は，1999年には30万人に届くまでに増え，2003年には，宿泊者数40万人，推定入込客数120万人のピークを記録
- 現在は，まちの人口が4千人に対し，年間10万人の観光客が訪れる（観光入込客数1,087,556人（2018年度））

黒川温泉観光旅館協同組合　黒川温泉郷
https://www.kurokawaonsen.or.jp/about/
閲覧日：2021年1月29日

23. 豊後高田市（大分県）「昭和の町」

テーマ：「昭和の町」～中心市街地の再生事業と，全国トップレベルの子育て支援，移住・定住支援～

基礎データ：人口 22,600 人，世帯数 10,866（2020 年 2 月末現在），高齢化率 37.50%（65 歳以上・2015 年）

古き良き昭和のまちなみを再現した「昭和の町」の観光資源と，「全国トップレベルの子育て支援」によって，移住希望者を惹きつけている．「昭和の町」は映画などの舞台としても活用され，まちの個性として全国に発信されている．移住希望者には手厚い支援事業を行い，社会増が止まらない状況となっている．

事例の概要：

豊後高田市は，大分県の北部に位置する都市で，奈良時代には，全国に約 44,000 社ある八幡宮の総本社である宇佐神宮が創建され，その荘園であった田染荘（たしぶのしょう）が平安時代に立荘され，今も地名と棚田の風景が残っている．近年では「昭和の町」として有名で，年間に多くの観光客が訪れている．

宝島社が発行する月刊誌『田舎暮らしの本』で 2013（平成 25）年から毎年発表されている「住みたい田舎ベストランキング」では，初代の第 1 位を獲得しており，その後も 8 年連続でベスト 3 位以内にランクインし続けており，2020（令和 2）年の「小さなまち」部門（人口 10 万人未満）では再び総合 1 位となった．

その特徴としては，「全国トップレベルの子育て支援」，「充実した移住・定住支援策」，「豊後高田昭和の町」としての知名度があげられる．

「全国トップレベルの子育て支援」については，豊後高田市では，「妊娠期からの切れ目ない支援を目指して」を掲げて，「全国トップレベルの子育て支援」を自負する手厚い支援を行っている．子育て世代に向けた情報発信ポータル「豊後高田市子育て支援サイト　いいKAMO」を通じて，子育て世代の生活全般をサポートする情報発信を行っている．

また，豊後高田市の子育て支援を支えるNPO法人アンジュ・ママンは，フランス語で『天使のお母さん』という意味の名称．2009（平成21）年に子育て中のママが中心となり，経済的支援以外の支援を行うために設立された．子育て世代のための場づくりや，子どもを預けられる先として，また情報発信や相談体制として活発に活動している．自治体としての支援体制だけでなく，民間としての支援も整っているといえる．

> 本市では，10月からの幼児教育・保育の無償化に先駆け，平成31年4月から国の制度を上回る“全国トップレベルの本気の子育て支援”を実施しています．
>
> ・市内保育園の保育料の完全無料化
> ・市内公立幼稚園の授業料の完全無料化
> ・市内幼稚園・市内保育園ともに0歳～5歳児の給食費の完全無料化
> ・子育て応援誕生祝い金で最大100万円を支給
>
> 設立10周年を迎えたNPO法人 アンジュ・ママンの献身的な活動により，市内に子育て支援の輪が広がっています．
>
> 本市の充実した子育て支援の財源は，ふるさと納税を活用させていただきたいと考えています．どうぞ，全国の皆様の心温まる応援をよろしくお願い申し上げます．
>
> （豊後高田市のwebサイトより引用）

「充実した移住・定住支援策」については，豊後高田市のwebサイトの「定住情報」ページには，次のコンテンツが掲載されており，さまざまな奨励事業や奨励金，支援制度があることがわかる（2020年3月12日現在）．

ヴィラ・フロレスタは1999（平成11）年5月1日にオープンした，第三セクターの豊後高田市観光まちづくり株式会社が運営する宿泊施設である．敷地内に農業体験もできる有機農法の菜園や，採れたて野菜のバーベキューができる施設などを有する，コテージ型の宿泊施設となっている．ドイツの「クライガルテン」（市民農園で，ドイツではまちづくりにおいて設置が必須となっている）を日本にもつくりたいと，元大学教授だった竹中則夫氏が，関西圏から移住して，町や地元農業者と共同出資で設立した．

このヴィラ・フロレスタを移住希望者の住居や職探しの拠点とする，「“半住半旅”田舎暮らし体験 in ヴィラ・フロレスタ」という取り組みも行われている．これは，市外在住で豊後高田市への移住を考えている人を対象に，ヴィラ・フロレスタ（滞在型コテージ）を生活の拠点としながら，地域の自然や田舎暮らし，伝統文化行事を体験し，定住に向けて住居や仕事を探す機会をつくるというものである．

豊後高田市 IJU 支援サイトでは，66組もの豊後高田への移住体験談を写真付きで掲載しており，確かな移住支援実績を示している（2020年3月12日現在）．

■定住支援情報
Web 特集 Vol. 7【全国初】8年連続ベスト3達成！―「住みたい田舎」ベストランキング第1位―
移住支援サイト（豊後高田市 IJU 支援サイト）
【定住促進】脱ペーパードライバー応援事業
孫ターン奨励事業
女子ターン奨励金
愛ターンお婿（むこ）さん奨励金
豊後高田市の楽しい暮らしをサポートします！『楽しい暮らしサポーターズ事務局』が設立されました
■婚活促進・結婚促進
出会い応援（婚活促進）事業
新婚さん応援事業のご紹介（新婚生活応援金など）
みんな de 婚活応援事業　～あなたも婚活応援してみませんか？～

縁結びしてみませんか？　～縁結びお世話人・縁結び奨励金のご紹介～
子育て世代ステップファミリー応援金
■就労・就農情報
豊後高田市内のお仕事を斡旋します
ほっとナビ豊後高田
豊後高田市就職応援企業ガイドブック
豊後高田市で新規就農するには
新規就農支援事業について
アグリチャレンジスクールについて
急募！豊後高田市で働きたい方募集
起業チャレンジウェルカム支援事業補助金
■住宅に関すること
お帰りなさい住宅改修事業
定住促進住宅団地「夢まち」 太陽光発電システム設置奨励金
ムーブイン就労家賃支援応援金
きれい！安い！ お得なリフォーム済物件を紹介します♪
高齢者・子育て世帯リフォーム支援事業補助金
分譲団地情報（北田分譲団地・大村分譲団地）
ハッピーマイホーム新築応援奨励金
豊後高田市認定市道路線図及び名称について
無料の定住宅地（真玉・都甲地域）の予約受付を10月15日から開始します
空き家探しが便利に！　レンタカー費用奨励事業
■空き家バンク
貸したい！売りたい！空き家バンク制度について
空き家リフォーム事業
空き家バンク仲介手数料助成事業
空き家マッチング奨励事業
豊後高田市の空き家バンク制度が紹介されました！
良質空き家登録奨励金
空き家DIY奨励金
■子育て世代に対する支援事業
子育て世代いらっしゃい引越し応援事業
移住者応援事業　～ウェルカム未来の高田っ子応援金～
がんばる高校生通学応援金

■ガイドブック・パンフレット
～移住・定住まるわかりガイド～　ぶんごたかだLife
「移住から定住へ」ワンランク上のスローライフ（A3版定住リーフレット）
令和元年度版　定住ガイドブック
（豊後高田市のWebサイトより引用）

「豊後高田昭和の町」については，豊後高田市といえば，映画「ナミヤ雑貨店の奇蹟」のロケ地にもなった，昭和の街並みを再現した商店街が有名である．地方創生や地域活性化が全国的な議題となる以前から，全国的に通用するまちの個性を創出する取り組みを行い，実際に成功した事例であることから，地域活性化事例としてさまざまな場面で取り上げられている．

1990年代になって，衰退していく町の流れを変えたいと，町の若者たちが議論をするために集まるようになった．昭和30年代のにぎわいを取り戻すために，商店主，商工会議所職員，豊後高田市職員の若手たちで，「昭和の町」をテーマに再生していくことを企画した．商工会議所と市はこれを支援し，商店街における「建築再生」，「歴史再生」，「商業再生」，「商人再生」の4つの再生を進めていくことになった．

2001年，「昭和の町」のオープニングセレモニーが行われ，マスコミに取り上げられた．翌2002年，豊後高田市は中心市街地に隣接する大規模な農業倉庫を利用して，「昭和ロマン蔵」を開設，これにより年間20万人を越える観光客が押し寄せ，「昭和の町」の本格的な観光化が進展した．

しかし，受入体制はまだ十分ではなかったことから，窓口となった商工会議所は過剰な業務を抱えることになり，これを見かねた豊後高田市は，2007年に第3セクター方式で「豊後高田市観光まちづくり株式会社」（以下，まちづくり会社）を設立した．これを契機に，豊後高田市の「昭和の町」はまちづくりの第2ステージへと進み，まちづくり会社によるマネージメントで「昭和の町」の振興とともに，国東半島全体や農業連携に視点を向けるなど，新たな展開を見せている．

（総務省　地域力の創造・地方の再生｜平成20年度優良事例集より引用）

これらのさまざまな取り組みの結果，豊後高田市への移住者は，2014（平成26）年95人，2015（平成27）年22人，2016（平成28）年81人，2017（平成

29）年71年，2018（平成30）年46人と，5年連続で社会増が続き，計315人増加となっている．この5年間で社会増となったのは，大分県内で豊後高田市を含む4自治体のみで，過疎市町村の中では豊後高田市のみである．

出所：

豊後高田市「住民基本台帳人口／世帯数　更新日2020-03-01」，https://www.city.bungotakada.oita.jp/page/page_01507.html，閲覧日2020年3月12日

大分県豊後高田市，地域医療情報システム（日本医師会），http://jmap.jp/cities/detail/city/44209，閲覧日2020年3月12日

Web特集Vol.7【全国初】8年連続ベスト3達成！―「住みたい田舎」ベストランキング第1位―更新日2020-01-04，https://www.city.bungotakada.oita.jp/page/page_05098.html，閲覧日2020年3月12日

豊後高田市子育て支援サイト「いいKAMO」，https://www.iikamo-bt.oita.jp/，閲覧日2020年3月12日

豊後高田市「シティプロモーション　Web特集Vol.6　NPO法人 アンジュ・ママン10周年 ～広がる子育て支援の輪～」，https://www.city.bungotakada.oita.jp/page/page_04961.html，閲覧日2020年3月12日

豊後高田市定住支援情報，https://www.city.bungotakada.oita.jp/kurashi/teiju/index.html，閲覧日2020年3月12日

豊後高田市IJU支援サイト「移住の先輩体験談一覧」，https://bungotakada-iju.jp/ijyu_info/lists，閲覧日2020年3月12日

ヴィラ・フロレスタ，http://villafloresta.com/

大分合同新聞社「オオイタデジタルブック　新田舎宣言―地域社会再生のアプローチ　第6部　森の別荘から（2000年4月28日の記事，Web掲載は2008年10月10日）」，http://www.nan-nan.jp/lib/inaka006Ha1.pdf，閲覧日2020年3月12日

総務省「地域力の創造・地方の再生｜平成20年度優良事例集　豊後高田市（大分県）商業と観光の一体化による中心市街地の再生―「昭和の町」」，https://www.soumu.go.jp/main_content/000063248.pdf，閲覧日2020年3月12日

豊後高田市「シティプロモーション　新連載（不定期）～いきなりWEB特集～　vol.2「ココは移住の聖地」（2019-02-26）」，https://www.city.bungotakada.oita.jp/page/page_04619.html，閲覧日2020年3月12日

豊後高田市（大分県）「昭和の町」　地域バリューチェーン

外部力と内部力の新結合

地域固有の物語：Site Specific Storytelling

- 昭和30年代には賑わっていた中心市街地が衰退していくのを憂慮し，1990年代に再びまちの活気を取り戻そうと，商店主，商工会議所職員，市職員の若手が奮起し，「昭和の町」をテーマにまちづくりを開始
- 豊かな自然と手厚い子育て支援や移住支援で，「住みたい田舎」に

素材

- 衰退した中心市街地
- 山・里・街・海・温泉といった豊かな自然や温暖な気候
- 由緒ある宇佐神宮などの歴史資源
- 空き家，耕作放棄地

加工・製造

- 「建築再生」，「歴史再生」，「商業再生」，「商人再生」の4つの再生
- IJU移住支援，就労・就農支援
- 日本一の子育て支援を自負する政策

販売サービス

- 大規模農業倉庫を利用した「昭和ロマン蔵」の開設，映画のロケ地などで有名化
- ヴィラ・フロレスタ（日本の「クライガルテン」）
- 子育て世代への訴求

地域の重層的リーダーシップ

- 商店主，商工会議所職員，市職員の協働まちづくりへの取り組み
- 第三セクターのまちづくり会社の設立と，まちづくり会社による推進
- 自治体としての子育て支援や移住支援の活発な取り組み
- 子育て支援のNPO法人アンジュ・ママンなど，民間の活発な取り組み

地域コミットメント

- 「全国トップレベルの子育て支援」，「充実した移住・定住支援策」，「豊後高田昭和の町」

成果

- 雑誌の「住みたい田舎ベストランキング」で8年連続ベスト3，2020年は総合1位に
- 2014年から2018年までの5年間では，2014年95人，2015年22人，2016年81人，2017年71人，2018年46人と，5年連続で社会増が続き，計315人増加した
- この5年間で社会増となったのは，大分県内で豊後高田市を含む4自治体のみで，過疎市町村の中では豊後高田市のみ

豊後高田　昭和の町
筆者撮影
2019年5月17日

索　引

た　行

な　行

は　行

ま　行

や　行

わ　行

著者略歴

板倉宏昭（いたくら　ひろあき）

2000年，東京大学大学院工学研究科博士課程修了，博士号取得．米国マサチューセッツ工科大学（MIT）スローン経営大学院修了，経営学修士号取得．2017年より（公立大学法人首都大学東京）産業技術大学院大学（現，東京都立産業技術大学院大学）産業技術研究科教授．

この間，東京大学先端科学技術研究センター客員研究員，マサチューセッツ工科大学（MIT）経営大学院客員研究員，日本IBM株式会社，（国立大学法人）香川大学大学院地域マネジメント研究科教授，同研究科長，浙江工商大学経営管理学院客員教授，日本学術振興会科学研究費専門委員（経営学），日本経営システム学会常任理事，横断型基幹科学技術研究団体連合理事，横断型科学技術推進協議会副会長．情報通信学会論文賞，四国産業技術大賞革新技術賞，実践経営学会名東賞，同学術研究奨励賞をそれぞれ受賞．

著書に『新訂　経営学講義』（勁草書房）2017年，『デジタル時代の組織設計』（白桃書房）2002年，『ケースブック　地方発企業の挑戦—四国出身企業のグローバル戦略』（税務経理協会）2005年，『ネットワーク化が生み出す地域力』（白桃書房）2009年（共著），『アートゾーンデザイン地域価値創造戦略』（同友館）2016年（共著）などがある．専門は経営学．

石丸亜矢子（いしまる　あやこ）

2000年，立教大学経済学部経済学科卒業．2018年，産業技術大学院大学創造技術修士課程修了．2000-2002年，富士通金融システムズ．2002-2016年，株式会社野村総合研究所に勤務．2017-2019年，新潟薬科大学応用生命科学部専任助教．現在，接点合同会社代表社員，一般社団法人循環型経済研究所代表理事，東京家政学院大学非常勤講師，東京都立産業技術大学院大学認定登録講師．

地域バリューチェーン
持続可能な地域を創る

2021年7月15日　第1版第1刷発行

著者　板《いた》倉《くら》　宏《ひろ》昭《あき》
　　　石《いし》丸《まる》亜《あ》矢《や》子《こ》

発行者　井　村　寿　人

発行所　株式会社　勁《けい》草《そう》書　房

112-0005　東京都文京区水道2-1-1　振替　00150-2-175253
（編集）電話 03-3815-5277／FAX 03-3814-6968
（営業）電話 03-3814-6861／FAX 03-3814-6854
理想社・中永製本

ISBN978-4-326-50485-5　Printed in Japan

https://www.keisoshobo.co.jp